PROFECIAS
e outras revelações

ROSELIS VON SASS

PROFECIAS
e outras revelações

*Texto extraído de
"O Livro do Juízo Final"*

ORDEM DO GRAAL NA TERRA

Editado pela:

ORDEM DO GRAAL NA TERRA
Caixa Postal 128
06803-971 – Embu – São Paulo – Brasil
www.graal.org.br

Dados Internacionais de Catalogação na Publicação (CIP)
(Câmara Brasileira do Livro, SP, Brasil)

Sass, Roselis von, 1906-1997.
Profecias e outras revelações / Roselis von Sass. —
São Paulo : Ordem do Graal na Terra, 2006.

ISBN 85-7279-088-8

1. Bíblia - Profecias 2. Escatologia 3. Juízo Final
4. Nossa Senhora de Fátima - Profecias 5. Profecias
6. Revelações particulares I. Título.

06-7257 CDD-291.23

Índices para catálogo sistemático:

1. Profecias : Juízo Final : Escatologia :
Religião comparada 291.23

Copyright © ORDEM DO GRAAL NA TERRA 2006
Impresso no Brasil
Direitos reservados

10   9   8   7   6   5   4   3

PREFÁCIO

Na medida em que os tempos se aceleram e trazem a colheita daquilo que o ser humano plantou, as profecias – mais antigas ou recentes – vêm à tona.

Profecias mostram sua relevância na medida em que fazem as pessoas pensarem sobre sua atuação presente e questionarem o sentido da vida. São significativas também como alerta, podendo apontar novas direções para a humanidade e para cada indivíduo.

Com o interesse que revelações como a 3ª Mensagem de Fátima – permanente incógnita – despertam, a Ordem do Graal na Terra publica neste momento *Profecias e outras revelações,* trechos extraídos de *O Livro do Juízo Final,* de Roselis von Sass.

Esta publicação tem o objetivo de destacar a importância e significado de algumas profecias e outros temas, assim como levar o leitor a reflexões sobre a urgência da época presente e sua atuação como agente transformador.

ORDEM DO GRAAL NA TERRA

CAPÍTULO I

PROFECIAS

No decorrer dos milênios muitas indicações ou profecias referentes ao Juízo Final foram transmitidas por espíritos da Luz à Terra, onde foram recebidas por videntes para isso destinados. E todas essas anunciações do Juízo continham na maior parte sérias advertências e exortações, nas quais os seres humanos eram intimados a retroceder dos funestos caminhos que estavam seguindo, uma vez que todos eles findavam nas trevas... Livros inteiros poderiam ser escritos sobre essas profecias, as quais tiveram seu início na Antigüidade. Neste breve ensaio, porém, serão elucidadas mais de perto apenas algumas profecias, aliás, historicamente conhecidas.

Sibila de Cumas

Cento e cinqüenta anos antes do nascimento de Cristo, na Baixa Itália, em uma pequena cidade chamada Cumas, vivia uma vidente que passou para a História sob o nome de "Sibila de Cumas". Todos os seus escritos eram referentes ao vindouro Juízo Final. Ela descrevia com exatidão apavorante as terríveis catástrofes que cairiam sobre a humanidade terrena durante o tempo do Juízo, visto que a maior parte dos espíritos humanos, tanto os da vida terrena como os do Além, estaria então em poder do senhor das trevas.

Digno de atenção é o fato de Sibila de Cumas ter visto várias vezes em imagem um esplêndido vulto feminino, de cintilação azul, conduzindo sempre pela mão um menino, sobre o qual sete estrelas formavam uma espécie de elmo. Sempre a esplêndida mulher apontava para o menino, denominando-o "futuro Senhor do Juízo" que, ao mesmo tempo, seria também o Salvador para os poucos que não se haviam deixado dominar pelo anjo destronado.

As profecias de Sibila de Cumas, em contraste com muitas outras profecias, foram absolutamente claras e distintas. Nunca surgiram mal-entendidos, e o povo a contemplava com plena confiança.

Infelizmente, a maior parte desses valiosos escritos foram queimados aproximadamente oitenta anos antes do nascimento de Cristo, na já corrupta Roma daquele tempo, sob a alegação de que eles inquietavam o povo, revoltando-o. A parte que restou foi apreendida e guardada pelos sacerdotes do templo capitolino. Centenas de anos mais tarde, as profecias restantes de Sibila de Cumas, juntamente com outros documentos e sentenças oraculares judaicas, gregas e romanas, caíram nas mãos do clero católico.

Somente por volta do ano 1300 após o nascimento de Cristo muito se falou acerca das profecias sibilinas, porque naquela época foi composto um livro pela Igreja, no qual surgiu parte dessas profecias. Esse livro, que esteve em circulação até o século XVII, foi na verdade destituído de valor, porque nele as velhas profecias sobre o Juízo Final foram misturadas com tradições, como por exemplo a morte de Jesus na cruz, os provérbios salomônicos, oráculos gregos e muita coisa mais.

As Revelações de João

A mais conhecida profecia sobre o Juízo Final é certamente a revelação de João. Também nessa profecia, algumas das verdades originais foram erradamente transmitidas, em virtude da incompreensão causada pelas muitas traduções e revisões.

Já as palavras iniciais estão erradas:

"Revelação de Jesus Cristo, que Deus lhe deu"... consta no primeiro trecho. Naquela época Jesus, havia muito, já se unira para sempre a Deus-Pai. Jesus também nunca mencionou, durante sua vida terrena, que ele mesmo traria o Juízo Final à humanidade.

Pelo contrário. O Filho de Deus fala do "Filho do Homem" que virá... No Evangelho de João (14:26), num dos seus sermões de despedida, Jesus diz:

"Mas o Consolador, que é o Espírito Santo, a quem o Pai enviará em meu nome, ele vos ensinará todas as coisas, e vos fará lembrar de tudo o que vos tenho dito..."

Jesus não poderia expressar-se de maneira mais clara, para dar a entender que não seria ele que retornaria. Originalmente a revelação de João tinha início com as seguintes palavras:

"Estas são as revelações do Espírito Santo de Deus, que se denomina também o Filho do Homem, e que Ele mandou transmitir por intermédio de seus anjos ao seu servo João, em Patmos..."

João, o servo de Deus, não se encontrava num Patmos terrestre, quando recebeu a incumbência do Filho do Homem, Imanuel. Ele encontrava-se em Patmos, uma magnífica região luminosa semelhante a uma ilha, que se encontra bem acima do Paraíso. Foi João Batista que de lá transmitiu as revelações à Terra.

Foi também João Batista que transmitiu as revelações às sete partes do Universo: Filadélfia, Tiátira, Sardes, Smirna, Laodicéa, Éfeso e Pérgamo. Cada uma dessas partes do Universo se movimenta com seus bilhões de corpos celestes exatamente no ritmo universal prescrito, porém muito abaixo do Paraíso.

Se na Bíblia se escreve sobre as sete comunidades, é porque os tradutores relacionaram isso à Terra, com sua própria pequena capacidade de compreensão.

O planeta Terra pertence ao sistema mundial Éfeso. As revelações referentes ao Juízo Final foram transmitidas por João Batista diretamente à Terra. Até os dias atuais, ninguém pode dizer com exatidão quem foi o receptor, isto é, o vidente que captou na Terra as revelações de João. Supõe-se que João Evangelista, pouco antes de seu falecimento, tenha escrito as revelações. Variam, porém, as opiniões sobre isso.

O fato é que as revelações chegaram à Terra aproximadamente duzentos anos após o nascimento de Cristo, onde foram recebidas por uma vidente. Em virtude de essa vidente não ter conhecimento da escrita, um adepto dos ensinamentos de Jesus anotou-as e passou-as adiante. O nome da vidente, por seu próprio desejo, nunca foi mencionado, porque ela, conforme se expressava, era apenas um instrumento na mão de João Batista.

As revelações sobre o Juízo Final e seus efeitos foram dadas quando os superiores da Igreja e dirigentes das comunidades cristãs daquele tempo torciam e falsificavam os ensinamentos de Jesus, os quais poderiam ter modificado e melhorado os seres humanos. Tanto torceram e falsificaram, que nada mais restava da pura Verdade original, embora em seus discursos eles aludissem sempre às palavras de Jesus e à necessidade de orientarem-se por elas. Ao mesmo tempo, porém, explicavam-nas de tal maneira, que lhes tiravam toda a severidade e clareza do amor divino. Assim, no decorrer do tempo, os ensinamentos de Cristo, provenientes da Verdade, transformaram-se em produto de Lúcifer, que levava a falsos caminhos, e que os dirigentes e servos das igrejas acolhiam de bom grado, tornando a Verdade cada vez mais incompreensível.

Agora, qualquer um que deseje ver e ouvir pode reconhecer que a própria Igreja e seus adeptos são, sob o ponto de vista da Luz, os coveiros dos ensinamentos de Jesus. Se consciente ou inconscientemente, não faz diferença.

Nostradamus

Após a morte de Cristo, desceram para os seres humanos ainda outras advertências provenientes da Luz. Todas elas profetizavam às criaturas humanas terrenas um terrível fim no Juízo, se elas antes não se modificassem.

Também o médico e astrólogo Michel de Notre-Dame — Nostradamus — fez profecias referentes à atualidade, nas quais aludia ao Juízo Final. Suas profecias, e principalmente as interpretações delas, são porém tão confusas, que não possuem o valor que talvez pudessem ter...

La Salette

Os últimos avisos sobre o Juízo Final, no qual nos encontramos, vieram através de uma "emissária da misericórdia" que apareceu em três regiões diferentes da Terra.

Na primeira vez apareceu a duas crianças em La Salette, perto de Grenoble. Na segunda vez, a crianças em Lourdes, e na terceira, a crianças em Fátima...

A mensagem que a luminosa mensageira trouxe foi sempre a mesma em seu sentido e sempre dirigida aos superiores da Igreja e ao povo da Igreja.

Iniciaremos com La Salette. O fato ocorreu no dia 19 de setembro de 1846.

A luminosa emissária da misericórdia apareceu nesse dia a duas crianças que cuidavam de seus rebanhos, os quais pastavam no declive de uma montanha. Tinham mais ou menos doze anos e chamavam-se Melanie Calvat e Maximin Giraud.

La Salette está situada nos Alpes franceses, cuja distância da cidade de Grenoble é de aproximadamente sessenta quilômetros.

Surpresos, porém sem medo, Melanie e Maximin viram, de repente, num rochedo à frente deles, uma bela senhora que lhes sorria amavelmente. As crianças descreveram a visão da seguinte maneira:

"A senhora tinha nos braços muitas rosas; um longo manto azul a envolvia; ela brilhava como uma luz, e uma grinalda de rosas ornamentava sua cabeça."

Mais tarde as duas crianças contaram que não puderam desviar os olhos da aparição; sentiram necessidade de fixá-los na formosa senhora, a fim de ouvi-la atentamente.

Transcreveremos, agora, o sentido da mensagem que elas receberam e que transmitiram com exatidão:

> "O tempo se aproxima cada vez mais, e o abismo se abre. O povo da Igreja será punido. Ai dos habitantes da Terra, quando a época do castigo chegar. Satanás obscureceu a intuição dos superiores da Igreja e, como senhor das trevas, ficou dominando entre eles! Assim que chegar a hora da punição, a paz fictícia será destruída, o culto falso exterminado, e os poucos que se libertarem servirão unicamente a Deus Todo-Poderoso. Guerras sangrentas, fome e grandes tragédias virão. Cidades inteiras desaparecerão, montanhas ruirão, e o fogo e a água serão os elementos purificadores da Terra. Os superiores da Igreja e seu povo terão

de modificar-se e tudo fazer a fim de extirpar o falso culto a Deus. Todos sofrerão muito e verão à sua frente o abismo no qual se precipitarão, se não se modificarem…"

Quando a luminosa senhora finalizou, incumbiu as crianças de contarem exatamente o que ouviram, sem medo.

"Pois eu ainda hei de continuar perto de vocês. Lembrem-se disso, muito embora não me vejam!"

Depois dessas palavras ela desapareceu da vista das crianças.

Melanie e Maximin revelaram exatamente tudo o que haviam ouvido. Tinham a impressão de que a mensagem da luminosa senhora havia sido gravada dentro deles. Os pais das crianças também sentiram o mesmo. Não duvidaram sequer um momento das palavras dos filhos; parecia-lhes que a mensagem havia sido recebida por eles pessoalmente. Sem demora, informaram o pároco e os vizinhos. Assim, divulgou-se rapidamente a mensagem da luminosa senhora. Também o Vaticano foi informado imediatamente do extraordinário acontecimento de La Salette.

Depois de muitas considerações, o Vaticano decidiu não reconhecer oficialmente a aparição. Não que duvidasse que as crianças tivessem visto realmente a "Virgem Maria", pois já havia aparecido muitas vezes aos seres humanos, embora até esse momento só houvesse sido vista por freiras de diversos conventos... "Também a mensagem que as crianças ouviram tinha, certamente, muito de verdade em si..."

Contudo, mais tarde, os respectivos superiores da Igreja divulgaram que a "Virgem Maria" que foi vista em La Salette "chorara lágrimas amargas pelos pecados da humanidade" e ainda mais: propalaram que a aparição portava no peito o crucifixo...

Embora La Salette, região em que as crianças viram a mensageira da Luz, não tivesse sido reconhecida oficialmente pela Igreja, tornou-se um venerado lugar de peregrinação.

Em setembro de 1946, no seu primeiro centenário, os peregrinos afluíram em enorme quantidade. Entre eles encontrava-se o falecido papa João XXIII, que na época peregrinou como núncio papal durante o congresso mariano...

O cardeal Saliège de Toulouse, que também havia peregrinado pelo local agraciado de La Salette, falara:

"Os seres humanos deveriam, no silêncio das montanhas, reconhecer a mensagem da 'Virgem Maria', para que o poderio pudesse ficar nas mãos de Deus e não nas mãos de Satanás."

Lourdes

Segue-se agora o milagre de Lourdes.

Maria Bernarda Soubirous, denominada Bernadette, tinha catorze anos de idade quando viu, numa das grutas que se encontravam numa encosta rochosa à margem esquerda do rio Gave, um magnífico vulto feminino vestido de branco, envolto numa capa prateada e tendo à cintura uma fita azul brilhante, cujas pontas iam até a barra do vestido. Nos delicados pés usava sandálias douradas enfeitadas com rosas. De seu rosto branco brilhavam os magníficos olhos.

Apesar da pobreza na qual Bernadette vivia com seus pais e irmãos, ela era uma criança alegre e risonha. Na escola, entretanto, era constantemente repreendida e punida pelas irmãs religiosas, porque não queria aprender o catecismo. Mostrava-se também desatenciosa e mesmo desinteressada durante a aula de religião.

Somente quando a jovem podia estar livre no meio da natureza é que se sentia verdadeiramente feliz. As rochas, a água, as árvores e os animais pareciam participar dessa felicidade. Às vezes, ela também via enteais* que, para os outros, permaneciam ocultos; isso, porém, era um segredo seu que não revelava a ninguém.

---

* Seres da natureza.

Bernadette viu a aparição pela primeira vez quando estava juntando galhos secos em companhia de seus irmãos. Ao ficar cansada, sentou-se numa pedra defronte à gruta maior, a gruta Massabielle. De repente, a região toda pareceu como que mergulhada numa luz rósea. Bernadette olhou para cima e viu uma resplandecente figura feminina pairando pouco acima da entrada da gruta, entre os cascalhos e as samambaias. Foi no dia 11 de fevereiro de 1858 que isto ocorreu. Naquele dia, ninguém em Lourdes, velha cidade dos Pireneus, imaginava a revolução que aquela aparição traria.

Após a primeira visão, Bernadette, a pedido da maravilhosa senhora, voltou durante quinze dias seguidos à gruta. Ela ajoelhava-se diante da gruta e quase ao mesmo tempo sentia uma desconhecida leveza e liberdade que a tornava infinitamente feliz, pois a aproximavam da luminosa aparição. Sua alma desprendia-se do corpo terreno de modo semelhante ao que ocorre durante o sono, enquanto ela registrava espiritualmente tudo o que lhe era comunicado. Tal estado durava geralmente de vinte a trinta minutos.

Enquanto isso, o corpo terreno de Bernadette encontrava-se rígido, ajoelhado e imobilizado diante da gruta. Seus olhos, não obstante abertos, estavam vazios, como que apagados. A multidão que diariamente acompanhava a jovem à gruta crescia dia a dia. Cada um esperava, pelo menos aqueles que acreditavam no milagre, também poder ver algo da "Virgem Maria", ou logo poder ouvir, no próprio local, o que a "mãe de Deus" desejava da pobre filha do moleiro.

Cada vez que Bernadette voltava a si e via a multidão que a cercava, olhava com expressão de asco e também às vezes com tristeza. Ninguém acreditava nela quando dizia indignada que a "luminosa senhora", vista por ela, não era a "Virgem Maria".

Ainda durante o período em que Bernadette ia diariamente à gruta, uma verdadeira tempestade desabou sobre ela. Formaram-se partidos a favor e contra; injuriaram-na como farsante, doente mental e muito mais ainda, da maneira mais horrível; ou então se ajoelhavam como que diante de uma santa, quando ela surgia. Comissões médicas falavam de um estado "cataléptico"... Citaram-na também em juízo, diante do prefeito e até mesmo um promotor viera de Paris, a fim de examinar o caso no próprio local. Somente o clero se mantinha em expectativa.

Bernadette, durante o alvoroço semelhante a uma revolução, andava acabrunhada e com sentimento de culpa. Para sua mãe ela dizia que a "luminosa senhora" estava descontente com o "povo da Igreja" e que se os seres humanos não se penitenciassem, pereceriam todos. Todos! Também os bispos, papas e o clero todo, pois não estavam servindo ao céu, e sim ao inferno.

A mãe Soubirous olhava apavorada para a filha. Bernadette começou a tremer e sentiu falta de ar. O medo apertava-lhe a garganta. O que deveria fazer? A luminosa senhora tinha-lhe dado a incumbência de transmitir tudo e até mesmo de escrever.

Por intermédio da mãe da jovem, o deão de Lourdes tomou conhecimento da sombria profecia da suposta Virgem Maria. Depois disso, o clero da diocese deixou espalhar secretamente que a aparição de Bernadette Soubirous, com toda a certeza, não era da Virgem Maria, mas sim, de uma amotinadora comum e que o povo devia permanecer na expectativa.

Após essa advertência, o povo ficou na dúvida. Tanto mais que a própria Bernadette negava que a aparição vista por ela tivesse algo a ver com a Virgem Maria. A multidão deixou de ir, e a jovem ia à gruta acompanhada apenas por poucas pessoas. Faziam troça, evitavam-na e escarneciam dela. De repente, surgiu uma transformação.

A mensageira luminosa mostrou a Bernadette, em um canto da gruta, uma mancha úmida coberta com um pouco de relva e mandou a jovem liberar a fonte. A nascente que logo brotou da rocha foi encontrada. Foi como se a branca senhora luminosa tivesse vindo em auxílio da oprimida Bernadette por intermédio do veio de água, a fim de fortalecer sua segurança e confiança.

Quando se tornou conhecida a notícia da descoberta da fonte, o povo todo de Lourdes e das redondezas caiu numa espécie de êxtase. Procissões inteiras dirigiam-se com velas acesas até a gruta. O clero de Lourdes recebeu das autoridades eclesiásticas a incumbência de ficar com o povo e juntar-se às fileiras dos peregrinos, acrescentando que parecia tratar-se de uma autêntica vidente.

A água da nova fonte foi examinada por uma comissão, e a análise revelou que se tratava da saudável e boa água das montanhas, semelhante à existente em toda a região. O povo recusou o resultado. A fonte era uma fonte milagrosa, e Bernadette, que a encontrou, era uma milagreira...

De todos os lados Bernadette foi assediada com rogos, a fim de narrar o que a aparição lhe havia comunicado. Devia tratar-se de algo muito importante... Bernadette, porém, calava. Sem temor poderia ter falado, pois para o povo a descoberta da fonte fora prova suficiente de que ela era uma eleita especial, e em conseqüência disso suas palavras teriam sido aceitas como revelações. Bernadette não somente calava, como também permitia que coisas erradas se espalhassem e fossem postas em prática. Em vista disso ela se sobrecarregou com uma pesada culpa.

Foi assim que Lourdes não se tornou um ponto de partida de conhecimentos espirituais, e sim, apenas um local no qual se reuniam aleijados e doentes incuráveis de todo o mundo. Nenhum dos muitos que procuravam auxílio refletia no "porquê" de seus aleijões.

Os Milagres de Lourdes

E os milagres? Sim, ocorreram milagres em Lourdes. Muito poucos, e somente em casos excepcionais. As pessoas que obtiveram curas parecidas com milagres ajudaram-se na realidade a si próprias.

É sabido que a fé remove montanhas... Esta expressão bíblica contém muito de verdadeiro, pois uma fé firme e pura se torna convicção... convicção de que existe uma luminosa força auxiliadora que pode ajudar os seres humanos. Em virtude de tal disposição, que também contém em si confiança e humildade, o atingido entra em contato com ondas de forças superiores que retroativamente atingem o corpo terreno e obrigam-no a uma atividade maior. Por exemplo, glândulas que funcionam mal ou não funcionam são de tal modo reativadas, que são obrigadas a retomar sua atividade normal um pouco mais rapidamente, e assim por diante...

As curas acima mencionadas são em geral também duradouras, porque puderam ser ocasionadas devido a uma verdadeira convicção na força da Luz.

Existiam naquela época, em Lourdes, muitos doentes que devido ao seu êxtase religioso e ao otimismo ligado a isso encontraram melhoria em seus sofrimentos. Tais melhorias foram em geral de curta duração, já que ninguém consegue viver em constante êxtase.

Aqui deve ser apontado também o fato de que as assim chamadas curas milagrosas somente são possíveis enquanto uma certa ligação existente entre o corpo terreno, a alma e o espírito não estiver danificada. Os assim chamados "débeis mentais" nunca podem ser curados, porque essa ligação está, em geral, totalmente interrompida.

Hoje existem em Lourdes e adjacências bons hospitais e bons médicos. Esses hospitais estão sempre superlotados, porque os aleijados e os doentes, que continuamente lá se encontram, esperam que um reflexo da "aparição de Maria" daquele tempo os ajude a conseguir uma melhora.

Milagres hoje não existem mais. Pois uma cura milagrosa, no mais verdadeiro sentido da palavra, só pode ocorrer quando existem as necessárias condições espirituais para isso.

Também para a suposta "milagreira" Bernadette Soubirous não houve milagres...

Bernadette passou a sofrer tormentos horríveis; físicos e espirituais. A sua leve falta de ar inicial transformou-se em fortes crises de asma. O sentimento de culpa a oprimia como uma pesada carga espiritual, tornando-se tão grave, que teve de ser levada durante algum tempo para o Hospital das Irmãs de Nevers.

Durante esse tempo, a jovem recebia continuamente a visita do clero. Inquiriam-na sempre de novo; ela, porém, permanecia apática. Após algum tempo ela obteve alta, sendo declarada sã.

Nesse meio tempo foram realizadas conferências no Vaticano, nas quais ficou resolvido que não se podia deixar andar livremente a celestialmente privilegiada Bernadette Soubirous. Ainda mais que a Virgem Maria lhe havia comunicado segredos sobre os quais ainda não se havia formado uma idéia concreta. Num convento é que a jovem estaria melhor guardada.

Assim que o sacerdote de Lourdes comunicou à família Soubirous a resolução das autoridades eclesiásticas, Bernadette foi tomada por um violento acesso de choro, pedindo desesperadamente que a deixassem viver assim como as outras jovens de sua idade. O sacerdote compreendia esse pedido. A pequena Bernadette transformara-se numa bela jovem... naturalmente ela preferia ficar livre.

Somente após várias e longas reuniões com o sacerdote e também com alguns bispos, Bernadette conformou-se com o inevitável. Logo depois, foi comunicado às dioceses, por meio de uma carta pastoral, que conforme as declarações de Bernadette, a senhora luminosa desejava um templo no local onde aparecera, e que os fiéis deveriam apoiar esse desejo com dinheiro, senão a construção não poderia ser efetuada. Após essa proclamação afluíram em poucas semanas vários milhões de francos de todos os países da Terra, tal qual uma torrente de ouro, em direção a Lourdes. A construção da grande basílica poderia ser iniciada.

Antes disso, a gruta foi inaugurada como santuário sob grande pompa eclesiástica. Centenas de milhares de pessoas estavam presentes a essa cerimônia. Também para Bernadette, como personagem principal, esse dia deveria ter sido de glória. Porém, justamente nesse dia, ela foi acometida de uma febre tão alta, que teve de passar o seu "dia de glória" na cama.

Alguns dias antes fora mostrada a Bernadette a estátua de Maria, destinada à gruta, a fim de saber sua opinião sobre a obra de arte. Bernadette olhou indiferentemente para a estátua, dizendo com lágrimas nos olhos que não havia semelhança entre a figura de Maria e a aparição luminosa na gruta...

Chegou então o tempo em que Bernadette ingressou como noviça na Casa Central das Irmãs de Saint Gildarde. Nesse convento teve início também o seu tempo de sofrimento. Ela ficou doente, gravemente doente. Fortes vômitos, hemoptises e falta de ar transformaram sua vida num tormento. Após algum tempo o médico constatou que Bernadette estava sofrendo de tuberculose óssea e de polineurite. Além disso, formou-se num dos joelhos uma tumoração muito dolorosa do tamanho de uma cabeça de criança... Enquanto a jovem Bernadette era venerada em todo o mundo como uma milagreira, ela lutava no convento contra as horríveis dores. A suposta fonte milagrosa e curativa não trazia, àquela que a encontrou, nem cura nem alívio...

Às doenças físicas juntaram-se ainda tormentos psíquicos. Várias vezes ela gritava desesperada, dizendo que atraiçoara a senhora luminosa e que o diabo já se achava atrás dela... Muitas vezes, quando as dores físicas chegavam a tornar-se quase insuportáveis, ela via, em espírito, a gruta; porém nenhuma senhora luminosa fazia estremecer seu coração de felicidade. O que ela via na gruta era um negro abismo que ia dar em pavorosas profundezas, e em volta do qual se acotovelavam todos os aleijados da Terra. Ou então ela via outras imagens que paralisavam seu espírito de horror e que lhe sufocavam a respiração. O dom inato de vidência transformara-se agora em maldição para ela...

Finalmente findaram os sete anos de sofrimento. Após uma agonia que durara alguns dias, a "milagreira de Lourdes" foi libertada de suas dores.

É de acrescentar-se ainda que Bernadette, meses antes de sua morte, se acusava cada vez mais freqüentemente, proferindo palavras confusas acerca do diabo.

Por isso, as irmãs que rodeavam o leito da criatura martirizada foram tomadas de dúvidas... A única pessoa no convento que compreendia o que estava ocorrendo era o deão Peyramale, de Lourdes. Ele presenciara tudo desde o começo e também ajudara no sentido de que a mensagem da aparição luminosa permanecesse em segredo... A menina Bernadette, que ele conhecera outrora, causava-lhe dó. Certamente... Mas a única coisa que ele podia fazer era cuidar para que nada passasse além dos muros do convento. Por que haveria de inquietar a humanidade crente, com as auto-acusações e as confusas palavras da "milagreira"?

Esta foi, em largos traços, a história de Bernadette Soubirous. No dia 8 de dezembro de 1933 ela foi canonizada pelo papa Pio XI. Essa canonização foi efetuada com grande pompa. Todas as janelas da Igreja de São Pedro, em Roma, foram cerradas com cortinas vermelhas, pois em tais cerimônias a luz do dia não deve penetrar no interior da igreja. Rodeado de cardeais e de outras autoridades eclesiásticas, o papa declarou que a bem-aventurada Maria Bernarda Soubirous era uma santa... As trombetas de prata da Igreja de São Pedro ecoaram, e os sinos de todas as igrejas de Roma tocaram, enquanto que para a pobre martirizada Bernadette foi imposto o peso da santidade...

Qual é, pois, o teor da mensagem que Bernadette recebera?

O sentido da mensagem foi o mesmo que no ano de 1846 a jovem Melanie Calvat e seu companheiro Maximin Giraud haviam recebido, nas solitárias encostas de La Salette.

A Terceira Mensagem de Fátima

E pela terceira vez a emissária da misericórdia aproximou-se dos seres humanos...

Surgiu em Fátima, Portugal. Pela última vez, antes do Juízo Final, para advertir a cristandade... Foi no dia 13 de maio de 1917 na província de Estremadura, em Portugal.

Ela apareceu a três crianças pastoras: Francisco Marto, de nove anos, sua irmã Jacinta, de sete anos, e Lúcia, de dez anos. Lúcia era prima das outras duas crianças.

Brincavam numa gruta situada fora de sua aldeia, a "Cova Iria", quando viram a aparição. Todas as três contaram que uma bela e luminosa senhora, trazendo flores nas mãos, se havia aproximado delas na gruta. Essa senhora as saudara tão amavelmente, que elas logo perderam o medo...

Lúcia imediatamente se sentiu atraída por aquela luminosa senhora. Apesar de sua pouca idade, logo compreendeu que aquela senhora trazia uma mensagem que ela, Lúcia, devia transmitir aos seres humanos.

Lúcia estava sob uma forte direção da Luz, pois tinha sido especialmente preparada para tal incumbência. Também não era a primeira vez que recebia e transmitia mensagens da Luz.

A senhora desejava que as crianças viessem cada mês à gruta, até outubro. Isso sempre no dia treze.

Seis vezes apareceu a emissária da misericórdia na gruta. Durante esse tempo Lúcia recebia a mensagem que deveria retransmitir aos seres humanos. No dia treze de outubro a senhora* apareceu pela última vez. Nesse dia se despediu sorridente das crianças. Quando mais uma vez se dirigiu a Lúcia, disse:

"Nunca tenhas medo dos seres humanos. Transmite exatamente a mensagem que ouviste."

Lúcia, apesar de sua pouca idade, estava compenetrada da importância de sua missão. Relatou com impressionante exatidão tudo o que a senhora lhe comunicara. Entre os muitos curiosos que vieram para a sua aldeia, encontravam-se naturalmente muitos sacerdotes. Vieram para "ouvir" e "examinar"…

Todas as pessoas, mesmo aquelas que diziam não crer nas terríveis profecias, durante longo tempo não puderam afastar de si um sentimento opressivo, até atemorizador… Apesar de duvidarem da mensagem,

---

* Usamos a expressão "senhora" porque as crianças chamavam-na sempre assim.

esperavam intimamente que o anunciado castigo de Deus passasse por elas...

O clero não duvidava que as crianças tivessem visto uma aparição, pois uma mensagem tão trágica, contada com fisionomia séria pela menina Lúcia, seria impossível ter sido inventada. Entretanto, os dirigentes da Igreja eram unânimes em afirmar que alguma medida deveria ser tomada. Uma criança que tinha visto a "Virgem Maria" não poderia permanecer sem fiscalização. Além disso, as pessoas poderiam entender "erradamente" aquelas profecias... Em conseqüência dessas ponderações, Lúcia foi entregue às freiras de um convento de carmelitas. Essa medida, pretensamente, aconteceu para o bem da criança. Na realidade, entretanto, Lúcia devia ser afastada das outras pessoas!

Quando Lúcia entrou no mosteiro das carmelitas de Pontevedra, tinha onze anos de idade... Logo que lhe foi possível, escreveu minuciosamente a mensagem que recebera em intervalos mensais da senhora luminosa. Nada se perdeu. Ela cumpriu fielmente a sua missão.

O caderno com seus apontamentos foi entregue pelas freiras ao bispo de Coimbra e de lá chegou às mãos do primaz de Portugal, e através dele até o Vaticano. No Vaticano, já estavam informados, bem antes e de maneira bastante detalhada, sobre tudo o que se referia a Lúcia, a criança vidente. Uma parte das profecias foi publicada naquele tempo em jornais religiosos da Igreja. Mas a última parte, que mais tarde foi denominada "A terceira mensagem de Fátima", nunca foi revelada ao público, permanecendo, até hoje, segredo do Vaticano.

As outras duas crianças, Francisco e Jacinta, que igualmente haviam visto aquela aparição, faleceram, em curtos intervalos, dois anos após aquele acontecimento.

No dia 13 de outubro de 1917, dia em que a senhora apareceu pela última vez às crianças, ocorreu no céu um fenômeno nunca visto: o Sol começou a rodar. Milhares de pessoas em Portugal observaram esse inexplicável acontecimento que mais tarde foi chamado o "milagre do Sol"…

Nas mensagens de Fátima, a luminosa senhora também falou de um fenômeno celeste. E aí se diz:

> "Quando, numa noite, uma grande e desconhecida luz aparecer no céu, então isso será um sinal de Deus, chamando a atenção dos seres humanos que com o início da Segunda Guerra Mundial o Juízo Final já estará em curso"…

A luz da qual a senhora havia falado foi visível realmente em toda a Europa. Tratava-se de uma espécie de "aurora boreal" que se tornou visível na noite de 25 para 26 de janeiro de 1938, nos céus de toda a Europa. Até hoje os cientistas não encontraram uma explicação para esse surpreendente e excepcional fenômeno, que naquele tempo deixou muitas pessoas em pânico...

A guerra veio. Também muitas outras catástrofes se cumpriram com "precisão sinistra". Quando, depois da guerra, se verificou que Lúcia havia falado a verdade, vieram de muitos lados solicitações para que o Vaticano publicasse também a terceira mensagem de Fátima.

Até agora todas as solicitações a tal respeito foram recusadas. A terceira mensagem por enquanto ainda teria de permanecer segredo do Vaticano.

No ano de 1967 a imprensa européia publicava a notícia surpreendente de que o papa havia desmaiado ao ler a terceira mensagem de Fátima... Também o jornal "A Gazeta", de São Paulo, publicou em 17 de abril de 1967 a mesma notícia, dizendo o seguinte:

"Cidade do Vaticano (AFP). O terceiro segredo de Fátima não será revelado. Isto foi o que disse ontem o cardeal Fernando Couto, que acaba de renunciar a seu cargo de grande penitenciário por motivo de idade.

Como se sabe, dada a espantosa precisão com que as duas predições anteriores se concretizaram, o papa Paulo VI ao tomar conhecimento da terceira mensagem sentiu-se mal, chegando mesmo a desmaiar."

O que contém pois a terceira mensagem de Fátima, temerosamente guardada pelo Vaticano? Por que deve permanecer em segredo?

Vamos, agora, conforme o sentido, retransmitir as duas mais importantes predições dessa última parte das profecias, que se cumprirão igualmente com "precisão sinistra".

> "Uma terceira guerra irromperá; tão horrível será, que apenas poucos sobreviventes haverá na Terra... Tremendas catástrofes virão sobre a humanidade...
>
> As organizações eclesiásticas terão de se transformar radicalmente e tomar a Verdade como base. Se tal não acontecer, então a morte reinará no meio da Igreja, e os cristãos amaldiçoarão o clero. Terá chegado o fim dos papas, e os últimos deles gemerão sob dores corpóreas, enquanto suas almas, como que açuladas, vagarão a esmo. Mas não encontrarão uma saída. Seu trono cairá!"

Estas são, segundo o sentido, as duas mais importantes profecias da terceira mensagem de Fátima... Que também se cumprirão, sem dúvida nenhuma...

Durante uma audiência com a irmã carmelita das "Sete Dores"*, o núncio Lombardi perguntou se ela acreditava que viriam tempos melhores para os seres

---
* Assim Lúcia era chamada naquele tempo.

humanos. Respondendo, a "Irmã das Sete Dores" disse que antes devia acontecer uma grande transformação, uma conversão. Se tal não acontecesse, então apenas uma pequena parte dos seres humanos poderia salvar-se. Muitos seriam julgados e condenados...

O que, pois, fez a Igreja da mensagem de Fátima? Uma mensagem que teria sido capaz de salvar milhões de seres humanos!

Como de outro modo não era de se esperar, os dirigentes responsáveis pela organização eclesiástica fizeram tudo para desviar os seres humanos do verdadeiro sentido da trágica mensagem da Luz. A mentira, a arma de todos os espíritos infiéis, entrou novamente em ação com absoluto sucesso.

Em primeiro lugar, a Igreja reconheceu a aparição às três crianças videntes. Posteriormente, comunicara que a "Virgem Maria" em pessoa teria aparecido às crianças para, através delas, conclamar os seres humanos à penitência.

Em conseqüência, foi dado a conhecer que a "Virgem Maria" desejava que fosse construída uma basílica no lugar onde ela aparecera, para que os seres humanos pudessem implorar remição de seus pecados, naquele local agraciado.

No ano de 1950, igualmente por "desejo expresso da Virgem de Fátima", o papa Pio XII proclamou o dogma da ressurreição da Virgem Maria! Anualmente, no dia quinze de agosto, essa "ressurreição inventada" por Pio XII é celebrada festivamente pela Igreja.

Segundo se diz, o papa viu por três vezes a aparição da Virgem Maria de Fátima.

Assim, juntou-se mais um dogma aos que já existiam. Cada dogma é como um cárcere sem luz, onde o espírito dormita indolente e imóvel. E ali, onde não há luz nem movimento, a morte espreita!

Alguns teólogos espertíssimos introduziram até a Rússia nas profecias de Fátima. Por exemplo, na primeira parte agora já conhecida da mensagem é dito que: "Uma grande transformação e conversão seriam necessárias, para não se perder a maior parte da humanidade!". Os teólogos espertalhões interpretaram, pois, estas palavras no sentido de que a Igreja deve empenhar-se em prol da paz mundial, e que essa paz seria garantida se a "Rússia se convertesse"!

Tal interpretação naturalmente é errada! Pois nas profecias não foram mencionados nenhum país e nenhum povo. A mensagem de Fátima foi dirigida à humanidade em geral, e em especial à cristandade.

É compreensível que os teólogos procurem toda a sorte de interpretações para iludirem-se a si próprios e aos outros. Pois quem ainda poderia ter esperança de salvação, se as profecias de Fátima fossem interpretadas assim como foram dadas? Além disso, a verdade abalaria toda a estrutura da Igreja!…

Não obstante, os alicerces da Igreja, da mais poderosa e mais rica organização da Terra, estão hoje oscilando. As profecias de Fátima fazem tremer atualmente poderosos príncipes da Igreja! Mesmo sem as profecias, cada um que queira pode ver hoje que o desmoronamento da Igreja não pode mais ser impedido. Também para a terceira guerra está tudo preparado. Enquanto os poderosos da Terra falam de paz, fabricam-se as mais terríveis armas, com as quais pretendem destruir-se mutuamente...

A pomposa basílica foi construída conforme o "desejo expresso da Virgem Maria". Assim, fundou-se mais um lugar de romaria em honra da Igreja. Milhões de pessoas visitam anualmente o "santuário de Fátima" para, de lá, implorar de maneira egoística o perdão de seus pecados. Foi divulgado por toda a parte que a Basílica de Fátima é uma impressionante expressão de fé cristã!

Na realidade, a Basílica de Fátima é um impressionante monumento de uma fé morta, da qual os peregrinos indolentes de espírito esperam toda a sorte de vantagens...

O culto praticado com a estátua de Fátima não difere em nada dos cultos de idolatria de milênios passados! Aliás, os potentados cristãos superaram amplamente seus precursores (quantos sacerdotes idólatras de outrora não haverá entre o clero?). Superaram seus precursores, uma vez que a Igreja pretende reivindicar para si até um Filho de Deus, que desceu exclusivamente para se deixar crucificar, a fim de que pudessem ser perdoados aos seres humanos os seus pecados!...

Lúcia, a criança vidente daquele tempo, que desapareceu com onze anos de idade atrás dos muros de um mosteiro, tem hoje pouco mais de sessenta anos. Ela vive no Mosteiro de Santa Tereza das Carmelitas, usando o nome de "Madre Maria do Coração Imaculado". Desespero e tristeza sombreiam sua existência terrena. Já desde muito reconheceu que a "mensagem da luminosa senhora" fora interpretada pelo clero de tal modo, que a verdade nela contida desapareceu sob uma teia de mentiras.

Muitas vezes ela, lá do convento, implorara para que a mensagem inteira da senhora luminosa fosse divulgada. Seus pedidos não encontraram eco. Ela também esteve em Fátima, quando o papa Paulo VI para lá peregrinou no ano de 1967 para rogar pela paz mundial.

Ali, o vazio dos atos de culto feriram sua alma. Ainda esperava que o papa, por ocasião de sua romaria, anunciasse toda a mensagem... Nada disso, porém, aconteceu... A bênção papal encheu-a de asco e sofrimento, pois ela percebeu que também este papa, igual a seus predecessores, noite e dia era atormentado por fúrias de medo.

Mesmo atrás dos muros do mosteiro, Lúcia permaneceu fiel à Luz! Ela faz parte das "servas da misericórdia", que em épocas de perigo se aproximam dos seres humanos para auxiliá-los espiritualmente e adverti-los sobre perigos vindouros... Que Lúcia deixe em paz a Terra e volte, através de caminhos de rosas, para a sua pátria luminosa!*

A Vidência das Crianças

Finalmente, os leitores ainda perguntarão por que foram utilizadas crianças para retransmitir tão significativas anunciações!

Crianças? Certo. No entanto, não se tratava de crianças comuns. Seus espíritos já em vidas terrenas anteriores tinham cumprido importantes missões!

Na raça branca o raciocínio domina de tal modo, que é quase impossível encontrar pessoas adultas capazes de receber comunicações vindas de fato da Luz e da Verdade, de modo puro e nítido. Toda a sorte de ponderações intelectivas, tais como: dúvidas, desconfiança, medo, etc., turvariam imediatamente a recepção.

E em círculos espíritas? Mensageiros da Luz não podem aproximar-se da humanidade através deles!

---

* Lúcia faleceu em 13 de fevereiro de 2005.

Os inúmeros espíritos presos à Terra, que se agarram aos médiuns, excluem de antemão qualquer possibilidade de recepção daquilo que provém das alturas luminosas.

Embora tratando-se de espíritos preparados, que naquelas crianças videntes se haviam encarnado, ainda assim havia também o perigo de essas crianças, após a idade da maturidade, poderem ser influenciadas pelo raciocínio que então entraria em pleno vigor. Talvez tivessem receio de retransmitir as mensagens, pelo medo de virem a ser escarnecidas, zombadas.

Uma criança, porém, nunca chega a tanto em suas ponderações, pois a capacidade de pensar logicamente só começa na idade da maturidade, portanto entre os catorze e quinze anos aproximadamente.

Quando a senhora luminosa apareceu a Bernadette Soubirous, a menina estava prestes a entrar na fase da maturidade. Já tinha abandonado a infância. Com isso cessou a especial muralha protetora que envolve todas as crianças até essa época, como também a ingenuidade e a despreocupação infantis.

Com a entrada da idade adulta, fica estabelecida uma ligação espiritual, deixando assim a juventude adolescente se tornar plenamente responsável por tudo o que intui, pensa e faz. Outras correntezas exercem seus efeitos sobre as criaturas jovens, e novas impressões começam a moldar suas vidas.

Quando Bernadette alcançou essa idade, tornou-se plenamente consciente do alcance e da gravidade das mensagens recebidas através da senhora luminosa. A conseqüência disso foi que ficou com medo de transmitir o que ouvira. Medo das pessoas e suas reações, medo da poderosíssima Igreja... O que não fariam com ela, se anunciasse que o "povo da Igreja" não serve a Jesus?

Quanto mais cismava, tanto mais Bernadette se abria às influências opressoras de uma humanidade que pensava e agia erradamente. Ela não precisava preocupar-se, pois se achava sob especial proteção da mensageira da Luz.

Para evitar qualquer erro, deve ser mencionado ainda o seguinte: o desaparecimento da muralha protetora da infância, na época da maturidade, não significa que um jovem ser humano, daí por diante, esteja desprotegido e abandonado! Pelo contrário. A partir desse momento ele é acompanhado por um guia espiritual que cuida fielmente dele. O fato de a humanidade terrena de hoje não mais ouvir as vozes dos seus auxiliares espirituais é culpa exclusivamente dela... Em momento algum de sua vida a criatura humana fica sem os cuidados fiéis de uma proteção espiritual!

Quem era, pois, a emissária que aparecia às crianças videntes, e que por todas foi descrita de modo idêntico?

A emissária luminosa pertence ao grupo dos muitos mensageiros e mensageiras que atuam nas irradiações do amor divino desde a eternidade. Existem mensageiros masculinos e femininos, e são denominados "mensageiros da misericórdia". São espíritos puros, sem carma, que em épocas de grandes necessidades se aproximam da humanidade. Exortam e advertem, indicando perigos iminentes. Nos últimos cem anos, esses auxiliadores misericordiosos têm anunciado, por toda a parte na Terra, o início do Juízo Final e as transformações a isso ligadas. Em cada povo, seres humanos terrenos especialmente preparados, ou também crianças, receberam mensagens que anunciavam as desgraças, tendo também a possibilidade de as retransmitir.

Infelizmente, as anunciações dos mensageiros da misericórdia, na maioria dos casos, foram parcial ou totalmente omitidas, ou de tal modo desfiguradas e abrandadas, que as palavras e o seu sentido desapareceram, sem força alguma, no mar das crenças erradas e das dúvidas humanas.

Maria de Nazaré, a mãe terrena de Jesus, nunca fez parte do grupo de mensageiros e mensageiras da misericórdia. Na realidade, também nunca apareceu a ninguém; não podia e nem poderá aparecer a ninguém. Quem afirma o contrário, ou está mentindo ou fantasiando.

Quando as mensageiras da misericórdia se aproximam dos seres humanos terrenos, vestem geralmente mantos azul-claros, brilhantes como seda, e vestidos brancos cingidos na cintura por uma faixa larga de cor azul-claro. Sempre aparecem enfeitadas com rosas cor-de-rosa. O fato de relacionarem a mãe terrena de Jesus com aquelas aparições, apenas mostra o quanto a humanidade se afastou da Verdade.

Toda a glorificação de Maria de Nazaré, pelos seres humanos, está errada. Levou aos fundamentais erros de hoje, sobrecarregando-a ainda mais. Maria de Nazaré era, sim, altamente agraciada por ter-lhe sido concedido ser mãe terrena do Filho de Deus. Contudo, enquanto Jesus viveu na Terra ela não reconheceu nem ele nem a missão de que era portador. Somente aos pés da cruz, no Gólgota, começou a pressentir a Verdade. Mas esse reconhecimento não podia libertá-la da culpa com que se sobrecarregara pelo seu falhar. Desde então, esteve repetidas vezes encarnada na Terra. Os caminhos que teve de seguir na matéria foram penosos e pedregosos, pois devido à sua incompreensão e recusa temporária da missão de Jesus, ela dificultou em muito a missão terrena dele... Tinha de remir sua culpa do mesmo modo que qualquer outro espírito humano, e esta lhe pesava muito mais por ter sido especialmente agraciada.

Os Locais de Aparições

Resta ainda responder à seguinte pergunta:

"Por que as mensageiras da misericórdia apareceram às crianças videntes em grutas e em regiões ermas, montanhosas?"

Esta pergunta é igualmente fácil de ser respondida. Bem antes de serem construídos templos sólidos, muitos povos tinham seus lugares de culto ao ar livre, na natureza. Na Europa de hoje se pode encontrar por toda a parte tais lugares de culto. Localizavam-se em bosques de carvalhos, ao lado de nascentes, riachos ou lagos, bem como em colinas, montes e grutas. No centro de cada um desses locais havia a pedra de culto, ou pedra de oferendas como também era chamada. Em regiões onde havia muitas pedras, elas eram colocadas num amplo círculo, em volta da pedra de culto.

Mocinhas que possuíam o dom de vidência depositavam presentes na pedra de culto durante as reuniões solenes. Esses presentes eram constituídos, na maior parte, de cereais, frutas e água, dispostos em jarros de bonitas formas. Tais presentes constituíam a expressão de agradecimento a Deus, o Senhor, que ricamente lhes dava tudo o que necessitavam. Ao lado dessas jovens videntes, oficiavam, naturalmente, também sacerdotes. Em regiões onde havia grutas, os atos de culto realizavam-se tanto na entrada como também dentro delas. De qualquer forma, todos os povos ou tribos, nos tempos remotos, possuíam praças de culto em locais belos e especialmente protegidos.

As crianças videntes de La Salette, Lourdes e Fátima receberam mensagens das mensageiras da misericórdia em lugares que milhares de anos antes foram locais de culto. E estas crianças videntes, naquelas épocas há muito esquecidas, tinham servido como videntes e retransmitido também mensagens aos seus respectivos povos. Os meninos tinham sido sacerdotes, e possuíam também o dom da vidência. Todos cumpriram sempre fielmente suas missões na Terra.

As Interpretações Errôneas

Finalizando, ainda a explicação do porquê de as mensagens da emissária da Luz terem sido dirigidas essencialmente à Igreja e seus servos.

As interpretações errôneas e as explicações falsas e torcidas dadas aos ensinamentos do Filho de Deus, Jesus, acarretaram maior dano do que todas as guerras.

A raça branca, em sua totalidade, está emaranhada nas teias do falso cristianismo. Devido à influência que esta raça exerce, essa doutrina torcida chegou também a outros povos, gerando confusão e fomentando a hipocrisia.

A maior culpa cabe naturalmente às organizações eclesiásticas, já que por seu intermédio foram divulgados os falsos ensinamentos cristãos; além disso, os vários dogmas da Igreja escravizaram irremediavelmente os seres humanos.

Esta foi a razão de as três mensagens serem dirigidas, na maior parte, aos superiores da Igreja e ao clero em geral!

CAPÍTULO II

A BÍBLIA*

Os textos da Bíblia existentes antes de Cristo foram colecionados por pesquisadores religiosos judaicos, e posteriormente classificados, revisados e parcialmente traduzidos para o grego. Assim, chegaram mais tarde às mãos dos adeptos da fé cristã, os quais, por sua vez, novamente os revisaram e arquivaram em parte.

Por "textos da Bíblia" devem-se entender os escritos daquilo que fora transmitido pelos antigos profetas, sacerdotes, reis, patriarcas, etc. Entre o material assim reunido não se encontraram originais... Nos textos, contidos em muitos rolos, constava que os acontecimentos ali narrados não foram escritos na época de sua realização, e sim muito mais tarde. Os velhos profetas, com exceção de Moisés, não sabiam

---

* As citações foram extraídas da tradução portuguesa da "Bíblia Sagrada", edição Barsa, RJ, 1965.

escrever. Retransmitiam, pois, por via oral, do modo mais nítido, visões recebidas espiritualmente; contudo, até que os textos retransmitidos pudessem finalmente ser escritos, decorreu um longo tempo.

Os posteriores historiadores judaicos, ao escreverem as tradições orais, introduziram, como sempre acontece, suas próprias interpretações e opiniões, de modo que, por fim, o texto se apresentava em completa contradição às originais retransmissões orais.

No decorrer dos séculos depois da morte de Cristo, muitos dos velhos manuscritos do volumoso material foram colocados de lado por "não favorecerem a fé".

Os manuscritos apartados foram divididos em dois grupos: os "apócrifos" e os "pseudepígrafes", do Novo e do Velho Testamento. Ambas as expressões provêm do grego. Os apócrifos são escritos que, segundo a opinião dos dirigentes das igrejas, continham um sentido secreto compreensível apenas a "iniciados". Os pseudepígrafes compunham-se de velhos textos designados pelos entendidos como falsificações, visto terem sido divulgados freqüentemente sob nome falso.

Além dos mencionados, muitos outros manuscritos foram apartados devido à possibilidade de despertarem "dúvidas na fé" entre os cristãos.

A Bíblia em sua forma atual foi composta no século XIII. Havia, até então, três versões diferentes dela, escritas à mão, naturalmente. A composição de uma dessas

Bíblias foi feita num convento beneditino na Bavária e outra em Estrasburgo. A Bíblia de Estrasburgo era denominada "Speculum Humanae Salvationes". Em alemão era chamada "Menschlicher Heil-Spiegel", isto é, "Espelho da Salvação Humana"... Depois surgiu ainda a Bíblia francesa, adornada com cinco mil quadrinhos, a "Bible Moralisée"...

Apenas poucos, entre o clero, estavam em condições de obter as dispendiosas Bíblias escritas à mão. Sua divulgação começou somente quando se inventou a arte de impressão de livros...

Nas enciclopédias consta que a Bíblia é objetiva, simbólica, alegórica, de valor moral, mas muitas vezes "difícil de determinar o sentido"...

"Difícil de determinar o sentido" quer dizer que os textos da Bíblia são de tal espécie, que geralmente não se pode compreendê-los. Isto se refere principalmente ao Velho Testamento.

Não foi à toa que os espíritos das trevas triunfaram quando a Bíblia finalmente saiu. Pois este livro, com seus textos confusos, carecendo de clareza e muitas vezes totalmente incompreensíveis, não traria o reconhecimento a pessoa alguma...

No que tange à falta de clareza, a Bíblia não representa nenhuma exceção. Todas as tradições, de qualquer espécie, trazem em si o mesmo mal. Esse mal é a mentira! Com relação à Bíblia isto é especialmente lamentável, visto constituir esse livro a base da fé de toda a cristandade…

O Velho Testamento

Tomemos inicialmente o Velho Testamento:

As visões e profecias dos antigos profetas referiam-se, todas elas, a fenômenos espirituais acontecidos longe da Terra. A maioria entre eles reconheceu isso e interpretou as imagens vistas, correspondentemente aos fenômenos anunciados. A falta de clareza adveio somente mais tarde, quando pessoas de raciocínio restrito, recompondo os textos antigos, lhes deram outra interpretação. Mas não apenas isso! Os acontecimentos realmente valiosos, vistos espiritualmente, foram misturados com os relatos de acontecimentos cotidianos terrenos, o que ocasionou de imediato a perda do seu sentido puro original.

Os manuscritos do Velho Testamento, de um modo geral, foram escritos pelos descendentes das tribos israelitas que deixaram o Egito conduzidas por Moisés. Os componentes dessas tribos e todos os seus profetas acreditavam, com exceção de Moisés, que eles próprios e os povos adjacentes conhecidos fossem os únicos seres humanos na Terra. Não tinham idéia alguma que existiam povos em outras regiões do planeta, povos que, com seus conhecimentos e cultura, estavam muito mais adiantados do que eles próprios... O restrito saber dessas pessoas se evidencia em muitos textos da Bíblia...

A Arca de Noé

Tomemos primeiramente a história de "Noé". Toda a sua história é na realidade tão desfigurada, que só se pode denominá-la de mentira...

Num trecho*, por exemplo, diz:

"(Deus) disse: Eu destruirei de cima da face da Terra o homem, que criei. Estenderei a minha vingança desde o homem até aos animais, desde os répteis até às aves do céu: porque me pesa de os ter criado. Porém Noé achou graça diante do Senhor."

Num trecho** seguinte diz mais:

"Sabe que tenho determinado mandar sobre a Terra um dilúvio de águas e fazer perecer nele todos os animais viventes, que houver debaixo do céu(...)"

Quem escreveu tais textos bíblicos foi fanático religioso, desconhecedor da Verdade e da justiça de Deus...

Como poderia ter pensado, e até escrito, que Deus, o Senhor, exterminaria também os animais por causa da pecaminosa humanidade? Os animais, que nada

---

* Gênesis 6:7-8.
** Gênesis 6:17.

tinham a ver com os pecados humanos! Que, pelo contrário, sofriam por causa dos seres humanos!...

E mais adiante:

"E tudo o que houver sobre a Terra será consumido."

Que o dilúvio inundou vários países daquela região é hoje uma realidade histórica. Pois quando o arqueólogo inglês Leonard Wooley escavou túmulos de reis em Ur, na Caldéia, descobriu por baixo deles, numa profundidade de doze metros, uma camada limpa, de argila, de dois metros e meio de espessura. Essa camada aluvial só podia ter uma explicação: A catástrofe diluvial, mencionada primeiramente no "Epos Gilgamesch" e depois na Bíblia, tinha inundado de fato toda a região que hoje é conhecida como "região dos dois rios" (Eufrates e Tigre), situados na Mesopotâmia. Contudo nunca toda a Terra. Tal nem teria sido possível segundo as vigentes leis da natureza...

Deus, o Justo, também não exterminou o gênero humano inteiro, preservando disso apenas a família do "Utnapistin (Noé)"...

Fez-se referência aqui a dois trechos da Bíblia sobre a história de Noé. Apenas dois trechos. Deles já se depreende claramente que as pessoas que receberam e escreveram a história do dilúvio não possuíam uma mínima idéia sequer do amor universal e da justiça de Deus. Eram fanáticos religiosos, confundindo seu "próprio" querer com a vontade de Deus...

O que ocorreu de fato?

Aquela grande inundação é provada historicamente. O dilúvio foi, apesar de sua extensão, catastrófico apenas para um número relativamente pequeno de seres humanos... Pois, quando os deslocamentos da crosta terrestre se faziam necessários, no decorrer dos fenômenos naturais, os habitantes das regiões ameaçadas eram avisados.

O primeiro aviso sobre o dilúvio foi dado quarenta anos antes daquela ocorrência. Dez anos depois vieram, mais uma vez, mensageiros lembrando os seres humanos que suas casas e campos de cultura ficariam completamente submersos. As últimas advertências vieram sete anos antes da irrupção das águas.

Os seres humanos não foram apenas advertidos, mas também lhes foram indicadas regiões onde as águas não chegariam. Sete anos antes desse fenômeno da natureza, a maioria das pessoas mudou-se para os locais indicados, com seus animais... Todos eles voltaram incólumes aos seus antigos lares, depois de as águas terem baixado a seus antigos níveis... Os salvos eram na maior parte membros de povos ligados à Luz: os sumerianos e os acadianos.

Havia ainda outros povos constituídos de seres humanos que não possuíam mais ligação com a Luz, ou apenas uma ligação muito fraca. Esses acreditavam nos ídolos e em sua própria grandeza. Não levaram a sério a notícia do fenômeno da natureza que se aproximava... Escarneceram dos videntes com todas as suas advertências, e permaneceram onde se encontravam. Foi por própria culpa que pereceram nas águas.

Agora, com relação ao construtor de barcos, Noé...

Noé pertencia a uma tribo de construtores de barcos, pescadores, tecelões de redes de pesca e de cestas, que habitava às margens dos extensos lagos de junco, existentes naqueles tempos na região de Ur. Essa tribo vivia isoladamente. Em comparação com os sumerianos, que dominavam o país, era muito atrasada em todos os sentidos.

Aqui pode ser intercalado que o povo ao qual os arqueólogos deram o nome de "sumerianos" era na realidade o povo dos "peregrinos do Sol"... Contudo, continuaremos a chamá-los de sumerianos...

Noé, o melhor construtor de barcos, e ao mesmo tempo sacerdote de sua tribo, não gostava dos sumerianos. Quando, então, os videntes e sacerdotes sumerianos mandaram divulgar a notícia da aproximação de uma catástrofe da natureza, recusou-se inicialmente a aceitar tal possibilidade. E continuou com seu ponto de vista, mesmo quando os videntes sumerianos procuraram as tribos afastadas para pessoalmente lhes transmitir aquela mensagem.

Não foram apenas os videntes que receberam notícias sobre o fenômeno natural que viria. Também outros mensageiros enteais se aproximaram dos seres humanos, naquela época ainda bem ligados à natureza, mostrando-lhes até onde as águas inundariam tudo. Esses mensageiros, chamados "lurens", também conduziam pouco a pouco as criaturas humanas dispostas a emigrar para regiões seguras.

Os lurens são enteais masculinos de um metro e meio de estatura, com rostos alegres de cor bronzeada e olhos redondos com um brilho vermelho. Usam roupa justa, de veludo verde-claro. Do mesmo tecido é também o capacete que cobre suas cabeças. De seu cinto pende um pequeno corne metálico. Quando os lurens queriam manifestar-se aos seres humanos, tocavam o corne. E era impossível deixar de ouvir o chamado de seus cornes...

Voltemos outra vez a Noé.

Noé era famoso por toda a parte devido à sua avançada idade. Segundo nossos cálculos de tempo de hoje, ele teria oitocentos anos. No fundo, porém, era obstinado e até certo ponto vaidoso. Não aceitava conselhos de nenhuma pessoa...

Quando faltavam apenas vinte anos para o anunciado dilúvio, e como muitas pessoas já houvessem mudado com seus animais e pertences caseiros para as seguras regiões montanhosas, Noé ficou preocupado. Não porque seus filhos fizessem pressão para a saída, mas em razão de sentir que a terra tremia freqüentemente.

Sendo ele algo clariaudiente, escutava, às vezes, o murmúrio das águas borbulhantes dentro da terra.

Noé tinha uma idéia fixa: da terra de seus pais nunca se separaria voluntariamente. Contudo, ele e os seus poderiam construir um barco, no qual deveriam aguardar as águas baixarem, de cuja vinda já não duvidavam...

E a construção do barco começou; foi feita uma jangada de grossas toras, que às vezes tinham de trazer de longe, e, em cima dela, colocada uma construção de redes de junco e esteiras do mesmo material, coladas com piche da terra de tal forma, que realmente não penetrava água.

Quando o barco ficou pronto, parecia uma gigantesca cesta fechada, com uma abertura de entrada e várias aberturas servindo de janelas... Por fim, dividiu-se o grande espaço interno em duas partes, por meio de grossos feixes de capim...

Agora, diz a Bíblia*:

"Entra na arca tu, e toda a tua família: porque Eu conheci que eras justo diante de mim, entre todos os que hoje vivem sobre a Terra. Toma de todos os animais limpos sete machos e sete fêmeas; e dos animais imundos dois machos e duas fêmeas. Toma também das aves do céu sete machos e sete fêmeas, para se

---

* Gênesis 7:1-4.

conservar a casta sobre a Terra. Porque daqui a sete dias hei de chover sobre a Terra quarenta dias e quarenta noites; e hei de destruir da superfície da Terra todas as criaturas que fiz."

Quando o dia chegou, escurecendo o céu e tremendo a terra, Noé entrou em sua embarcação. Acompanhavam-no duas de suas mulheres, dois filhos com as respectivas mulheres e algumas crianças. Seus outros filhos, filhas e seus maridos, já havia tempo que tinham emigrado. Não confiavam no barco de Noé.

De animais levava porcos, cabras, ovelhas, marrecos e pequenos falcões. Outros pássaros que também poderiam ter sido levados não mais se achavam ali, pois já muito antes do irromper das águas tinham emigrado, junto com todos os outros animais, para regiões seguras...

Numa das divisões da arca ficaram os seres humanos, e na outra, encurralados, os animais. Devido aos muitos montes de capim e de cereais espalhados por toda a parte e às exalações dos animais, o interior do barco dava a impressão de um estábulo...

Contudo, o barco suportou. A chuva caiu do céu como uma torrente, e imensas quantidades de águas eram expelidas do interior da Terra...

Quando a inundação baixou, o barco de Noé encontrava-se numa região chamada Ararat. Não longe dali, erguiam-se muitos morros cobertos de mato, onde seres humanos aguardavam as águas baixarem.

Seria interessante descrever tudo o que ali se desenrolou naquela época, mas infelizmente não é possível entrar em pormenores.

De qualquer maneira, o estranho barco despertou a máxima curiosidade. Enquanto estava intacto, e isto durou quase vinte anos, pessoas vinham de longe para vê-lo e, principalmente, para conhecer o homem que tinha sido tão elucidado por "seu Deus"!... Durante milênios a história de Noé passou de boca em boca, até que, finalmente, alguém se prontificou a compor aquele texto cômico e mentiroso que hoje se pode ler na Bíblia...

A Noé mesmo, a prolongada estada no barco não fez bem. Do vinho que levara, bebia mais do que lhe era conveniente. Sempre que estava embriagado, seus filhos tinham de amarrá-lo, pois molestava as mulheres deles de maneira pouco decente. Os próprios filhos de Noé estavam amargamente arrependidos de não terem seguido junto com os outros para as montanhas, pois suas mulheres adoeceram e dois de seus filhos faleceram no longo período de espera.

No que se refere ao barco, esse era naquela época uma espécie de maravilha do mundo, não havendo igual em parte alguma. Noé ainda viveu nele muitos anos, com suas mulheres jovens e velhas, ao passo que seus filhos voltaram à sua velha pátria, iniciando ali uma nova vida...

Verdadeiros navios, construídos para poder ligar países e povos estranhos, somente apareceram três mil anos antes de Cristo. Antes, apenas existiam barcos aptos a navegar em rios, lagos e beirando a costa.

Adão e Eva

Tomemos mais alguns textos da Bíblia*.

Começa da seguinte maneira:

"Eis aqui a descendência de Adão. Deus o fez à Sua semelhança no dia que o criou. Ele os criou macho e fêmea, e os abençoou, e os chamou pelo nome de Adão no dia de sua criação. Viveu porém Adão cento e trinta anos, gerou à sua imagem e semelhança um filho, a quem por nome chamou Set. (...) Set gerou Enos. (...) Enos gerou Cainan, etc."

Quem ler todos os registros de nomes, que ainda seguem, terá a impressão de que os primeiros seres humanos tenham sido criados pouco antes do dilúvio, tendo aumentado apenas a partir desse tempo.

Pelas interpretações terrenas errôneas das imagens vistas espiritualmente pelos profetas, originou-se uma doutrina de desenvolvimento totalmente errada,

---

* Gênesis 5:1-3.

e aceita sem oposição pelos restritos seres humanos de raciocínio.

Acrescenta-se ainda que os perscrutadores da religião cristã, ao comporem os textos da Bíblia, excluíram todas as indicações referentes aos conscientes entes da natureza... "pois somente os pagãos acreditariam nessas coisas..."

Tomemos um exemplo: naqueles tempos existiam ainda, por toda a parte, algumas pessoas que podiam ver os entes da natureza, assim como anões, elfos, ondinas, e também Apolo em seu carro solar. Quando o profeta Elias morreu, seus adeptos propagaram a notícia de que ele teria seguido diretamente para o céu, num "carro de fogo"... Isso, naturalmente, era uma mentira divulgada conscientemente. Desejava-se conceder, ao já muito decadente Elias, algo de brilho, abalando ao mesmo tempo a fé em Apolo. Pois era sabido que somente Apolo viajava pelos ares, num carro de fogo puxado por leões... E assim, utilizaram-se de Elias, muito venerado especialmente pelos posteriores judeus, para mostrar, a todos que ainda acreditavam nos deuses pagãos, que na realidade apenas seres humanos piedosos e crentes viajavam em carros de fogo, para o céu...

Dessa forma, surgiu uma mentira após outra. A história do dilúvio, inicialmente, retransmitida de modo correto. Na primeira tradição, retransmitida pelos sumerianos, destacava-se especialmente o amor de Deus! O amor de Deus que enviara, tão a tempo, servos para que todos os seres humanos, calmamente, pudessem deixar as regiões ameaçadas... Noé e seu barco foram incluídos somente muito mais tarde.

Os servos de Lúcifer, em conjunto com os seres humanos que viviam na Terra, abafaram, a todo custo, a verdade dos acontecimentos ocorridos ao longo dos tempos...

Adão e Eva, citados na Bíblia, são os "pais primevos" da humanidade, no reino espiritual! Pois foram criados ali, primeiramente. Nunca estiveram na Terra, nem em nenhuma outra parte da matéria!...

Faz tanto tempo que ambos os "pontos de partida de irradiação", Adão e Eva, foram criados, que uma indicação de tempo no sentido humano não é possível... Fenômenos espirituais não podem ser contados com medidas humanas...

"Crescei e Multiplicai-vos"

Temos de voltar agora mais uma vez para Noé. Em Gênesis (9:1) está escrito o seguinte:

"E Deus abençoou Noé e seus filhos, e disse-lhes: Crescei e multiplicai-vos e enchei a Terra."

Antes de tudo uma retificação: Deus, o Onipotente, não apareceu a nenhum profeta e nem a nenhuma pessoa. De acordo com as leis da Criação, isso seria de todo impossível... As vozes e imagens, ouvidas e vistas pelos velhos profetas e outros videntes, vieram de guias espirituais mais elevados, que se aproximavam dos seres humanos para transmitir-lhes mensagens... É uma arrogância incompreensível pensar que o onipotente Deus pudesse se aproximar de uma insignificante criatura humana...

A posição preferencial de Noé e seus filhos perante Deus é pura fantasia! Além disso, ninguém precisaria dar conselho a Noé e seus filhos para se multiplicarem, pois isso tinham feito em excesso antes e depois do dilúvio... As palavras "crescei e multiplicai-vos e enchei a Terra" foram pronunciadas, todavia, na época em que as encarnações dos espíritos na Terra começaram... E isto foi há milhões de anos...

Na época do dilúvio, a humanidade já se aproximava de seu ponto final. O Juízo! Naquele tempo a maioria dos seres humanos, no Aquém e no Além, já se achava sob a influência de Lúcifer! Nesse tempo, tão perto do Juízo, na Criação inteira, nenhum espírito ligado à Luz teria dito a um ser humano: "multiplicai-vos"... Nenhum espírito ligado à Luz teria dado tal conselho. Conselhos dessa espécie vieram dos servos de Lúcifer, querendo levar para o seu lado também aquela parte dos seres humanos que ainda se mantinham afastados da influência deles... Por isso, diziam: "Crescei e multiplicai-vos", "a maternidade é sagrada"... Os servos de Lúcifer, no Aquém e no Além, conseguiram seus propósitos com isso.

Com referência à "maternidade sagrada", o instinto sexual foi aumentado doentiamente... Os seres humanos tornaram-se escravos de seu instinto, atando-se assim indissoluvelmente à matéria.

Tudo indica que, compondo os fragmentos dos velhos manuscritos, as pessoas não se preocuparam se estes seriam compreensíveis ou não. Ou, o que é mais provável, eles mesmos nada compreenderam... uma vez que entenderam tudo com seu raciocínio estreitamente limitado...

Sodoma e Gomorra

Também os textos da Bíblia referentes a Sodoma e Gomorra não são retransmitidos como foram vivenciados outrora pelo profeta...

Na Bíblia*, entre outros, encontra-se:

"Apressa-te por te salvares ali: Porque eu não posso fazer nada, enquanto tu não tiveres lá entrado. Por isso, a esta cidade puseram o nome de Segor.

Aparecia o sol sobre a terra, quando Ló entrou em Segor. Fez o Senhor, pois, cair sobre Sodoma e

---

* Gênesis 19:22, 24, 26.

Gomorra uma chuva de enxofre e de fogo, que o Senhor fez descer do céu. (...)

A mulher de Ló olhou para trás, e ficou convertida em estátua de sal."

O que aconteceu realmente?

Três cidades — Sodoma, Gomorra e Laomor — desapareceram da face da Terra com todos os seus habitantes. Tempestades elétricas e temporais violentos bramiram e rugiram nos ares. A terra tremia, e das crateras que se formavam eram lançadas enormes quantidades de óleo para o alto, como se fossem gêiseres.

Os seres humanos asfixiavam-se nos vapores de enxofre que saíam da terra...

Aproximadamente um ano antes dessa catástrofe, um mensageiro seguiu para aquelas três cidades condenadas, exortando as pessoas a se mudarem para outras regiões, visto que forças da natureza destruiriam o seu país.

Esse mensageiro era Ló.

Ló era um vidente. Naquela época o dom da vidência era a melhor recomendação que alguém podia ter. Contudo, muito breve, Ló teve de reconhecer que os seres humanos estavam maduros para o descalabro. Não deram ouvidos às suas advertências nem aos presságios funestos da natureza.

Sodoma, Gomorra e Laomor! Os habitantes dessas três cidades pecaram contra a natureza e as leis naturais.

Seus instintos eram anômalos, e os ídolos que adoravam, com honrarias divinas, eram o "bode" e uma "mulher nua"...

O guia espiritual de Ló insistiu para que ele fosse embora. Não havia uma única pessoa sequer, nessas três cidades, que pudesse ser salva.

Mas Ló hesitava. Parecia-lhe que algumas mulheres mereciam que ele ainda ficasse. As mulheres, por ele julgadas dignas, simulavam, na sua presença, virtudes que não possuíam. Ló era ainda jovem, segundo os conceitos daquela época, e elas o tratavam como "querido hóspede", dando-lhe sempre vinhos, que eram preparados com entorpecentes, a fim de o deixar contente e eufórico...

Ló fechou-se à voz exortante de seu guia. As "bondosas mulheres" haviam mostrado como se alegravam com a sua presença.

Certo dia Ló teve uma visão. Isto se deu enquanto as três mulheres, em cuja residência estava hospedado, encontravam-se num dos templos onde se faziam sacrifícios de animais e pessoas, a fim de conjurar os maléficos poderes da natureza que faziam a terra tremer.

Viu um quadro com três figuras que se achavam numa estrada saindo de Sodoma. Assim que tocou com a mão em uma delas, todas as três se viraram para ele. Apavorado, ele recuou diante do que via. Sem poder falar fitou as três figuras nas quais reconheceu suas hospedeiras. O que via não eram mais seres humanos. Eram três figuras de uma massa cinzenta, petrificada. Somente nos olhos abertos, amedrontados, se mostrava ainda algo de vida.

Depois disso a visão desapareceu. Desesperado, Ló olhou em redor de si. "Por que não havia escutado as admoestações de seu guia espiritual?"

Ló queria fugir, mas quando se ergueu foi acometido de uma tontura que o levou ao desmaio, caindo ao chão. O vinho preparado, que pouco antes havia tomado, certamente fora forte demais...

Não tardou muito e chegaram as três anfitriãs, gritando como alucinadas. Estavam sujas de sangue, porque, conforme as indicações dos seus sacerdotes, tinham esfregado as mãos e também o rosto com o sangue dos animais e dos seres humanos sacrificados...

Os abomináveis sacrifícios, especialmente dos inocentes animais, revoltavam ainda mais os entes da natureza. Asfixiantes gases sulfúricos saíam de muitos lugares da terra, tornando-se quase impossível respirar.

As três mulheres haviam corrido como se tivessem sido perseguidas nas ruas. Queriam chegar quanto antes em casa, pois lá se encontrava Ló. Somente ele ainda poderia salvá-las.

Finalmente, quando chegaram à sua morada, encontraram aquele que era toda a sua esperança, como morto no chão. Enraivecidas por isso, foram tomadas de uma fúria cega. Pisaram-no e deram-lhe pontapés. Arrancavam seus próprios cabelos e comportavam-se como fúrias em forma humana. Ao perceberem que Ló não dava mais sinal de vida, fugiram da casa com um medo desvairado, correndo ao encontro dos malcheirosos vapores sulfurosos, nos quais logo se asfixiaram.

Contudo, Ló não havia morrido. Os maus-tratos fizeram-no voltar lentamente a si. Quando se refez um pouco, levantou-se para fugir o mais rapidamente possível da cidade que estava prestes a morrer. A sua salvação foi devida ao seu guia espiritual, que o conduziu rapidamente através dos elementos em fúria...

Esta é a verdadeira história de Ló... As vivências que ele teve por ocasião da destruição daquelas três cidades deviam servir de advertência para todas as pessoas que naquela época se entregavam ao culto da idolatria... Pois na época em que o vidente vivenciara tudo aquilo, era cada vez maior o número de seres humanos que começava a simpatizar com o horrível culto de Baal. Mesmo pessoas valiosas, de fé verdadeira, se encontravam nesse meio. O culto de Baal tinha-se alastrado com incrível rapidez por apresentar o amor carnal como "de especial agrado a Deus"...

Quando Ló narrou de que horrível maneira os habitantes de Sodoma, Gomorra e Laomor haviam sucumbido, muitos ficaram pensativos... principalmente alguns sacerdotes de verdadeira fé. A advertência os abalara, pois agiam como Ló... Também eles tentavam tudo para preservar mulheres e moças, no fundo sem valor, do culto da idolatria...

Em tempos passados, antes de Cristo, todas as mensagens espirituais e fino-materiais foram transmitidas em imagens, através de videntes. As antigas mensagens por imagens, parábolas e advertências perderam seu sentido somente quando chegaram às mãos de notórios seres humanos de cérebro...

A região onde se situavam outrora as três cidades, Sodoma, Gomorra e Laomor, ainda hoje dá a impressão de deserta e até ameaçadora... Paredões nus de rochas, intenso calor e a água amarga do Mar Morto ali se encontram. E toda essa região se situa a quatrocentos metros abaixo do nível do Mediterrâneo...

Abraão

O Velho Testamento da Bíblia também poderia ser ainda de grande valor hoje, se os textos das imagens mostradas espiritualmente e em matéria fina tivessem permanecido genuínos... Se não tivessem sido misturados com tantos relatos triviais, de interesse apenas para aquelas épocas e para os próprios implicados.

Tomemos mais um exemplo: a história de Isaac.
Em Gênesis (22:1-2), podemos ler:

"Passado isto, tentou Deus a Abraão, e lhe disse: Abraão, Abraão. Ele lhe respondeu: Aqui estou. Continuou Deus: Toma a Isaac teu filho único, a quem tu tanto amas, e vai à terra da visão, e oferecer-mo-ás em holocausto sobre um dos montes, que Eu te mostrarei."

Será que Deus tinha realmente tentado Abraão desse modo? Teria de fato Abraão recebido a incumbência de matar o próprio filho?

Abraão era um homem rico e bem conceituado da tribo "manasse". Quando se tornou mais velho, pediu a Deus para poder servi-lo e fortalecer a verdadeira fé por toda a parte onde ela estava prestes a desaparecer...

Abraão, no entanto, era muito apegado a seus numerosos filhos e mulheres. Uma vez, porém, que seu rogo para poder servir a Deus era sincero, o seu guia espiritual informou-o a respeito das condições exigidas de uma pessoa para realizar uma missão superior, da Luz.

Uma das condições, aliás a mais difícil para Abraão, dizia: "... que aquele que quiser servir ao Deus onipotente, não deve deixar que nada o impeça; nem filhos, filhas, mulheres, pais, ou nenhum outro..."

Pois bem, Abraão sentiu-se suficientemente forte para cumprir essa condição também. Foi-lhe, sim, difícil separar-se de seus filhos, pois muitas vezes saía com um ou outro; contudo, sua vontade de servir a Deus era sempre mais forte.

Era de se esperar que a resolução do rico Abraão causasse grande sensação. Mesmo naquela época, não era algo comum um homem rico e honrado sair para pregar... A história de Abraão foi escrita mais tarde; contudo, como sempre, foi habilmente entrelaçada nessa tradição uma mentira: Deus foi apresentado como um Senhor cruel, impondo a Abraão a dura prova de matar seu filho predileto...

Muitos, ao tomarem conhecimento disso, ficaram com medo de Deus. Se o servir a Deus era um encargo tão pesado, preferiam nada ter com isso. A conseqüência foi que muitas pessoas deixaram de fazer muito de bom, que a si próprios e a outrem teria ajudado muito.

O Novo Testamento

Mencionar ainda mais exemplos referentes ao Velho Testamento não é possível aqui. Além disso, todas as histórias da Bíblia deveriam ser escritas de novo para libertar o original e verdadeiro sentido. Contudo, a Bíblia hoje está ultrapassada, e pessoa alguma tem tirado dela aquele proveito que deveria tirar...

A pura doutrina de Cristo, do "Novo Testamento", está igualmente soterrada em um entulho de palavras, enfeites fantásticos e mentiras. Quando os pesquisadores do Novo Testamento colheram material sobre a vida de Cristo, verificaram que muito pouco existia a respeito. Em parte alguma acharam indicação de que Jesus tivesse fundado uma Igreja ou qualquer outra organização. E, nas poucas anotações por eles encontradas, as contradições não podiam passar despercebidas.

Quando, cento e cinqüenta anos depois da morte de Cristo, um grupo de perscrutadores de religião começou a "pesquisar" a vida de Jesus, não tiveram possibilidade nem de constatar a data do nascimento de Cristo. Simplesmente, não havia uma data incontestável e histórica para este importante acontecimento. Também sobre a aparição do cometa existiam apenas indicações inexatas e variadas para a data... Pois, ao contrário de outros grandes povos, como os chineses, incas, sumerianos, egípcios, etc., os judeus recusaram a astronomia, como sendo algo "pagão".

A data estabelecida, então, para o nascimento de Cristo tem sido um quebra-cabeça para os astrônomos da época atual. Pois na referida data não se comprova a aparição de um cometa. A órbita de grandes cometas, bem como a data de seu aparecimento podem ser calculadas exatamente pela astronomia, também retroativamente. Hoje está comprovado que doze anos antes da data do nascimento de Cristo, data estabelecida pelos pesquisadores de religião, um grande cometa se encontrava no céu.

Deduz-se que a falta de dados exatos sobre os fatos foi causada pela turbulenta época mantida até a queda de Jerusalém, na qual as carnificinas dos judeus em nada ficaram atrás das praticadas pelos romanos...

Até o quarto século depois de Cristo muita coisa ainda foi alterada, acrescentada ou excluída, nos escritos do Novo Testamento. Sobre a vida e atuação dos apóstolos não havia, igualmente, nenhuma indicação. Apenas Paulo de Tarso é uma exceção. Paulo nunca havia visto Jesus na Terra, contudo, muito melhor do que todos tinha compreendido e divulgado a sua doutrina.

Os relatos sobre os apóstolos também não são verídicos. O Evangelho de Pedro, por exemplo, considerado um escrito apócrifo, foi escrito somente cento e cinquenta anos depois da morte de Cristo. Também os outros evangelhos estavam tão cheios de contradições, que em parte tiveram de ser apartados. Não se deve esquecer que nenhum dos discípulos de Jesus sabia escrever...

É até admirável que os patriarcas da Igreja tenham conseguido "construir" o Novo Testamento da Bíblia com tão poucas e inexatas fontes à sua disposição. Naturalmente a obra, na qual trabalharam várias gerações de pesquisadores de religião, não resistiria a uma revisão crítica. Porque nela falta a Verdade!... Contudo, pela Verdade não mais se pergunta já há mais de sete mil anos...

Canonizações

Mais tarde, então, tornou-se fácil solidificar as "doutrinas eclesiásticas" para o geral contentamento! Principalmente a introdução da confissão conduziu muitos adeptos para a Igreja! Pois quem não quer libertar-se de seus pecados de um modo tão fácil? Advieram ainda as "canonizações"! Em sua maioria, as pessoas "santificadas" pela Igreja são criaturas humanas pesadamente carregadas de carma, e já há muito tempo sob a influência luciferiana. Somente a tais pessoas podia ser imposto um fardo como é a canonização... Mas também essas canonizações cumpriram sua finalidade... Conseguiram fazer com que os cristãos esquecessem completamente que a santidade só pode existir junto de Deus, o Onipotente...

E por fim, veio ainda o dogma. Pode-se comparar o dogma da Igreja com uma casa sem janelas e portas, não iluminada por nenhum raio de luz... A verdadeira e pura adoração a Deus, vinda de coração agradecido, quase não se encontra mais entre os cristãos... A verdadeira adoração a Deus devia ser um hino de gratidão, sentido profunda e intuitivamente, ao Criador que nos deu a vida... nada mais...

Mas Jesus, já naquela época, falou:

"Este povo me honra com a boca, mas o seu coração está longe de mim..."

São Jorge

Agora, algo ainda sobre os "santos". Em especial sobre "São Jorge" com o dragão... Ninguém sabe de onde esse Jorge veio. Mesmo a Igreja não possui indicações mais concretas sobre ele. De início se presumiu que São Jorge tivesse sido martirizado por volta do ano de 303, quando legionário romano... Na igreja ortodoxa é festejado como um santo todo especial... Na igreja romana, no século XII, o mártir romano Jorge foi transformado em nobre matador de dragão. Desde o ano de 1285 há um alto relevo na Porta S. Giorgio, em Florença, representando o lutador contra o dragão...

O legionário romano e suposto mártir não existiu na realidade. O que houve foi a figura de um homem pondo fora de combate um dragão, com uma comprida lança... Os pesquisadores cristãos de religião não sabiam o que fazer com essa "figura de culto pagão". Conseqüentemente, mais tarde, a transformaram em mártir. Essa figura de mártir, porém, não podia manter-se, visto a apresentação de um homem lutando com um dragão ter um elevado significado espiritual.

Com razão dizia-se que tal culto era antiqüíssimo. Pois faz agora sete mil anos que um dos reis-sacerdotes e vidente em Ur, na Caldéia, viu uma imagem em espírito, que o abalou profundamente... e ao mesmo tempo o encheu de esperanças...

Ele viu uma maravilhosa e magnificente figura, com uma couraça, irradiando luz, descendo das alturas celestes e mergulhando nas profundezas situadas fora do círculo da Criação que circunda inteiramente as matérias grossa e fina. Depois de algum tempo, que pareceu uma eternidade ao vidente, apesar de terem passado apenas alguns minutos no máximo, viu como a figura, irradiando luz, atravessava com sua lança comprida e reluzente, um monstro parecido com um dragão, pregando-o no chão...

Quando viu esse quadro a ele mostrado espiritualmente, compreendeu que o próprio Senhor da justiça, que rege todos os céus e terras, desceria para aniquilar o monstro... Intuitivamente sentiu logo que o monstro representava Lúcifer, o inimigo da Luz... Pois um espírito humano não poderia ver o próprio Lúcifer, nem em imagem, devido à sua espécie divina.

A promessa contida na imagem fez com que o vidente se prostrasse de joelhos, em gratidão. Pois, sem poder fazer nada, ele tinha de presenciar como, mesmo entre o seu círculo de sacerdotes, se alastravam doutrinas falsas de fé, mortificando o espírito... exatamente entre os sacerdotes, cuja influência era quase ilimitada sobre o povo... De início havia lutado contra as influências negativas, contudo sua força não bastava para afastar o falso e a mentira... Somente aquele Poderoso, a quem lhe era permitido ver em espírito, poderia banir o perigoso mal...

O Poderoso, a quem o rei-sacerdote e vidente de Ur teve permissão de ver, era "Parsival, o rei do Graal"! Parsival, o rei do Graal, o Espírito Santo, desceu das alturas mais excelsas para neutralizar Lúcifer, o antagonista da Luz. E isso no próprio reino dele...

O rei-sacerdote, assim agraciado, chamava-se "Mes-Ki-Ag-Ir", que significa "filho do deus Sol"... Não apenas os incas se denominavam "filhos do Sol"; havia também outros povos que faziam o mesmo...

No quadro, Lúcifer foi apresentado como um animal, parecendo um dragão sempre de atalaia, pois Lúcifer mesmo não pode ser reproduzido em imagens... Parsival veio envolto pela força da Luz de Deus-Pai para o mundo de Lúcifer, e, na luta que se seguiu, a lança sagrada de Parsival atingiu seu adversário de tal forma, que a sua capacidade de ação ficou paralisada... Com essa luta, Lúcifer foi neutralizado... contudo, não aniquilado.

Há muito que a luta já ocorreu... Lúcifer não mais pode e nem precisa mais engodar os seres humanos, pois estes já trazem todo o mal dentro de si, em forma concentrada, há longo tempo!...

A veneração do cavaleiro combatendo o dragão foi muito destacada também em Bizâncio. De lá as apresentações em imagens chegaram ao ocidente germano-romano. Os bizantinos denominaram esse quadro de "Salvador na aflição"... Deve-se agradecer também aos bizantinos o fato de os nomes da "mitologia grega", todos corretos, não se terem perdido para a posteridade...

Como é, porém, que o Salvador na aflição se tornou um santo católico? Os pesquisadores de religião não sabiam o que fazer com o "pagão Salvador na aflição". No concílio de Nicéia, no ano 325, por resolução da maioria, tinham declarado Cristo como o Salvador do mundo e, assim, já tinham um Salvador. No entanto, o povo continuava, obstinadamente, a venerar o *Salvador matando o dragão*. Esse culto nãocristão desagradava aos superiores da Igreja. Procuraram uma saída e também a encontraram. Deram ao vencedor do dragão vários nomes. Jorge foi o último de toda uma série, o qual então ficou. E assim São Jorge entrou na cristandade, sendo venerado até hoje por diversos povos, embora os motivos da veneração não sejam por toda a parte os mesmos.

O Filho do Homem

Temos de voltar, agora, mais uma vez, para a Bíblia, isto é, para as palavras de Cristo que dizem respeito ao Filho do Homem.

Por diversas vezes, perante seus discípulos, Jesus mencionou a vinda do Filho do Homem. Não obstante os textos da Bíblia que tratam disso serem torcidos, deduz-se daí nitidamente que as palavras de Jesus se referiam a uma outra pessoa, e não a ele próprio!

Contudo, também no caso da anunciação do Filho do Homem por Jesus, interpretações teológicas foram antepostas à Verdade! No Evangelho de Marcos* podemos ler:

"Por que, se nesta geração adúltera e pecadora, se envergonhar alguém de mim e das minhas palavras, também o Filho do Homem se envergonhará dele, quando vier na glória de seu Pai, acompanhado dos santos anjos."

E mais adiante Marcos** diz em outro capítulo:

"E se então vos disser alguém: Reparai, aqui está o Cristo, ou, ei-lo, acolá está, não lhe deis crédito. Porque se levantarão falsos Cristos, e falsos profetas, que farão prodígios e portentos para enganarem, se possível fora, até os mesmos escolhidos. Estai vós pois de sobreaviso; olhai que eu vos preveni de tudo. (…)

Mas naqueles dias, depois daquela tribulação, o Sol se escurecerá, e a Lua não dará o seu resplendor:

---

* 8:38.
** 13:21-26.

e cairão as estrelas do céu. (...) E então verão o Filho do Homem que virá sobre as nuvens, com grande poder e majestade."

Também o texto do Evangelho de João[*] contém indicações referentes ao Filho do Homem:

"Em verdade, em verdade vos digo, que vem a hora e agora é, em que os mortos ouvirão a voz do Filho de Deus: e os que a ouvirem, viverão. (...) E lhe deu o poder de exercitar o Juízo, porque é Filho do Homem. Não vos maravilheis disso, porque vem a hora em que todos os que se acham nos sepulcros ouvirão a voz do Filho de Deus."

No texto de João consta nitidamente que aqueles que interpretavam os manuscritos, aliás o que disso existia, não haviam compreendido as palavras de Jesus. Num único e pequeno trecho mencionaram uma vez o "Filho de Deus" e logo adiante o "Filho do Homem"! Percebe-se que os interpretadores eram inseguros, pois do contrário não teriam acrescentado as palavras "e agora é", com referência ao Juízo. Com tal adjunção fica a impressão de que Jesus, já naquele tempo, teria realizado o Juízo...

Mesmo aquele que fez a tradução para o português alterou algo no mesmo trecho do Evangelho de João. Pois no texto original diz: "Pois virá a hora,

---

[*] 5:25, 26, 28.

na qual ouvirão sua voz, todos os que estão nos túmulos (…)".

Na tradução portuguesa da "Barsa" de 1965 está escrito: "(…) em que todos os que se acham nos sepulcros ouvirão a voz do Filho de Deus (…)".

Quem traduziu supôs que o próprio Cristo manteria o Juízo, acrescentando, por conseguinte: "(…) ouvirão a voz do Filho de Deus (…)".

No texto original se deduz, pois, que os mortos nos sepulcros ouvirão a voz do Filho do Homem, ao passo que na tradução portuguesa consta que ouvirão a voz do Filho de Deus.

O Culto de Maria

Quanta coisa não terá sido acrescida, omitida ou alterada, no decorrer do tempo, à doutrina de Jesus, outrora perfeita? Muito foi já acrescido. Por exemplo, a veneração de Maria, mãe terrena de Jesus. Essa é uma mera invenção da Igreja! Os primeiros cristãos ficariam perplexos se fossem obrigados a presenciar tal veneração. Pois Maria reconheceu Jesus e sua missão somente depois que ele já tinha sido pregado na cruz. Antes permanecia afastada, recusando a doutrina dele…

Outra invenção da Igreja é a da "concepção antinatural" de Jesus. Jesus foi gerado do mesmo modo que qualquer outra criança na Terra. Seu pai era um romano nobre, "Kreolus"... Naquela época todos os conhecidos de Maria sabiam que o pai de seu filho — Jesus — era um romano... Somente muitos séculos mais tarde, um dos conselheiros da Igreja inventou a lenda de que Jesus não fora gerado por um pai terreno. Pensou introduzir, com isso, algo de místico na doutrina de fé... Ninguém, contudo, pode alterar as imutáveis leis da natureza, cuja perfeição está acima da compreensão humana... Devido a essas leis, um nascimento somente pode ocorrer quando precedido de uma geração terrena! Tudo o mais é fantasia de um raciocínio estreitamente limitado!

A Bíblia toda necessitaria de uma revisão profunda. Contudo, para isto, há muito já é tarde demais.

Estamos no meio do Juízo! A grande organização eclesiástica católica já começa a se desintegrar de dentro para fora, e, com isso, também a fé cristã baseada em argumentos teológicos. Conservar-se-á apenas aquilo que traz a Verdade em si!

Também o papado se aproxima de seu fim! A história dos papas é uma história de permanentes lutas pelo poder e de intrigas internas.

O catálogo papal ou os catálogos, pois existiam vários, feitos para provar ligação ininterrupta entre a Igreja Católica Romana e o apóstolo Pedro, são falsificações. Pois tal ligação nunca existiu!...

Mas não apenas a Igreja Católica Romana, com o seu papado e seus santos, se aproxima de sua desintegração. Todas as religiões baseadas na Bíblia terão a mesma sorte.

CAPÍTULO III

O SER HUMANO E O PECADO ORIGINAL

Como aconteceu que o ser humano se entregasse ao "pecado"? De que maneira começou o mal? E o que o ser humano fez para fechar para si o Paraíso?

Muitas pessoas se têm ocupado com essas perguntas no decorrer do tempo, porém ninguém achou a resposta certa. O pecado original descrito na Bíblia, que teve por conseqüência o pecado hereditário e a expulsão do Paraíso, não fornece nenhuma explicação sobre o mistério que o envolve. Existem muitas interpretações, aliás, até fantásticas, e opiniões as mais diversas sobre esse acontecimento, mas todas até agora têm sido ilógicas e erradas, visto que todas as pessoas que trataram desse problema consideraram demasiadamente terrena aquela ocorrência espiritual descrita na Bíblia. Muitas pessoas, até hoje, supõem que o Paraíso deve ser procurado na Terra...

No livro "Na Luz da Verdade", Mensagem do Graal, de Abdruschin, encontramos o esclarecimento certo também sobre o pecado original. Aliás, uma explicação através da qual desaparece tudo o que é enigmático e misterioso acerca do pecado original. Resta apenas o grande falhar humano, a culpa irreparável contra o amor do Criador!

O pecado original e o pecado hereditário, que dele se originou, foram provocados pelo cultivo unilateral da parte anterior do cérebro*, a que está sujeito o trabalho do raciocínio! O resultado disso foi que a parte posterior do cérebro estacionou em seu desenvolvimento, atrofiando-se no decorrer do tempo. Essa parte posterior do cérebro, atrofiada por culpa da humanidade, é hoje denominada "cerebelo".

No entanto, a atividade do cerebelo é de extraordinária importância, já que essa parte do cérebro constitui o instrumento do espírito, mediante a qual é transmitida a intuição. Em lugar de intuição poderíamos dizer consciência, voz interior ou também voz do espírito.

A intuição é uma onda de força que se origina no espírito. Tal onda de força é percebida pelo ser

---

* Nota da Editora: como cérebro anterior devemos entender o cérebro propriamente dito, e como cérebro posterior devemos entender o cerebelo.

humano onde o espírito, na alma*, está em conexão com o corpo terreno, isto é, no centro do assim chamado "plexo solar".

Devido ao excessivo trabalho do raciocínio, a cooperação harmoniosa entre a intuição, proveniente do espírito, e o raciocínio, preso ao espaço e ao tempo, ficou de tal forma perturbada, que já desde muitos milênios a capacidade da intuição, isto é, a conexão com o espírito se acha completamente interrompida. Essa desconexão da ligação espiritual equivale à "expulsão" do Paraíso...**

A finalidade da presente dissertação é demonstrar, mediante a apresentação de algumas imagens, de "que maneira" o ser humano começou a pecar...

O mal infiltrou-se quase que simultaneamente entre todos os povos da Terra. Desde então, os seres humanos deixaram-se guiar pelo raciocínio preso ao espaço e ao tempo, afastando cada vez mais a intuição, a voz do seu espírito... De início a perturbação pouco se fazia notar. A desarmonia penetrou no harmonioso vibrar. Era como se houvesse entrado areia no jogo de engrenagens...

---

* Vide: O Espírito e seus Corpos Auxiliares, página 108.
** Vide: "Na Luz da Verdade", Mensagem do Graal, de Abdruschin, as seguintes dissertações: do vol. 2, *Pecado Hereditário – Intuição – O Ser Humano na Criação;* do vol. 3, *A Ferramenta Torcida.*

A Grinalda de Penas

Comecemos, pois, com o primeiro quadro. As ocorrências aqui descritas aconteceram realmente, só que sua época remonta a longos, longos tempos. Muito antes da hoje conhecida era glacial, os seres humanos começaram a ligar-se ao espaço e ao tempo em diversos lugares da Terra...

Tudo teve início devido a algumas poucas penas... algumas pequenas e raras penas de um vermelho fulgurante. Certo dia Toli trouxe um punhado de penas de exuberante beleza para casa. Sua jovem mulher, Jura, contemplava com calada alegria o precioso presente. Pequenas penas vermelhas que brilhavam também na escuridão!... No dia seguinte, ela fez com suas hábeis mãos um adorno para a cabeça. Tão logo ficou pronto, ela tirou o colorido colar de sementes que até aí prendia seus compridos cabelos pretos e, afastando-os da face, colocou na cabeça a grinalda de penas.

O novo adorno em sua cabeça despertou nas outras mulheres uma admiração geral; quanto aos homens, queriam saber como Toli conseguira tais penas. Como todos sabiam, esses pássaros viviam em regiões pantanosas e inacessíveis, saindo somente à noite em busca de alimentos; além disso, o local era povoado por grandes crocodilos.

As mulheres admiraram ainda durante alguns dias o maravilhoso adorno; comentavam como Jura havia sido ricamente presenteada, porém logo depois ele foi perdendo a atração e quase não era mais mencionado.

Apenas Iwi, a mulher de Vau, era uma exceção, pois queria ter um adorno idêntico ou então as mesmas penas para poder fazê-lo. Quanto mais nele pensava, tanto maior era sua ânsia em possuí-lo; queria enfeitar-se com ele e à noite sua cabeça deveria fulgurar como a de Jura...

Cada dia que passava, Iwi exigia de seu marido as mesmas penas. Vau hesitava demoradamente em ir até os pântanos longínquos; não que fosse problema para ele, porém não podia imaginar encontrar um pássaro morto, como Toli. Encontraria sim, mas um pássaro vivo, e como poderia matar um animal tão maravilhoso, unicamente por causa de um adorno de cabeça? A grande e maravilhosamente bela protetora dos animais ficaria zangada com ele! E com razão!

Entretanto, certo dia, Vau caminhou até os pântanos, principalmente para escapar de Iwi. Sua teimosia em possuir algo de outrem assustava-o. Ela tornara-se estranha para ele.

Começou a caminhar, embora sentisse intuitivamente e de modo nítido que não deveria ir. Sua voz interior dizia-lhe não. Um gnomo e mais tarde um fauno queriam que ele voltasse… Não obstante, ele não quis voltar, não ouviu as advertências de seu espírito, nem de seus amigos enteais. Pensava exclusivamente em sua mulher e na sua incompreensível cobiça pelos bens alheios…

Aproximadamente dois dias após a partida de Vau, Iwi começou a sentir horríveis dores de estômago; também começou a lhe doer a cabeça e sentia um zunir quase que insuportável em seus ouvidos. Dores? Nunca lhe havia doído o corpo. Amedrontada, correu para um bosque próximo, caindo ao lado de um tronco de árvore. Enquanto se contorcia em dores, ela tomou consciência do seu erro. Nenhuma das outras mulheres cobiçara o adorno da cabeça de Jura. Somente ela! Tinha perturbado a paz e afugentado Vau de casa. Sua culpa pesava qual enorme carga sobre seu estômago. E o pior ainda é que nenhum dos enteais chamados "larens", protetores das moradas e do fogo caseiro, surgiam junto a ela…

Iwi levantou-se. Nunca mais queria cobiçar o adorno de outrem. Lentamente voltou. Seu estômago ainda doía, mas como um presente sentia a paz que nela regressava…

Impaciente, esperava a volta de seu marido. Os dias passavam sem que retornasse. Será que tinha ido deveras até os pântanos para lhe trazer tais penas? Assustou-se. Era permitido matar apenas o que necessitavam para a alimentação... e esses pássaros não serviam de alimento para ninguém...

Dias depois Iwi viu Jura vindo do banho, com os cabelos molhados. Carregava cuidadosamente nas mãos a grinalda de penas para que não molhasse nem se estragasse. De repente Iwi notou que estava cobiçando outra vez aquelas penas. Era errado, e ela o sabia. Seu estômago começou a doer de novo e de toda a parte pareciam chegar vozes exortando...

Iwi refletiu: as penas deveriam desaparecer, pois assim a paz permaneceria sempre nela. Por que uma devia ostentar algo que as demais não possuíam? Tiraria o adorno de penas e o enterraria... Fazer tal coisa seria outro mal... Ninguém fazia isso... Ela sabia...

Iwi afastou sua voz interior e, poucos dias mais tarde, roubou o adorno de cabeça que Jura havia deixado preventivamente em sua cabana, para que não molhasse enquanto ela se banhava. Tão logo segurou nas mãos aquele objeto calorosamente cobiçado, enterrou-o na floresta e marcou o lugar com uma pedra...

Jura ficou inconsolável quando voltou e não encontrou mais o adorno de penas! Todas as mulheres a rodearam e começaram a procurar. A grinalda continuava desaparecida. No dia seguinte Jura não procurava mais. Seu guia protetor havia-lhe mostrado, enquanto seu corpo terreno repousava dormindo, qual a mulher que roubara o adorno e onde ela o enterrara.

Então, Jura acercou-se de Iwi pedindo-lhe a grinalda, porque algo tão bonito não podia ficar debaixo da terra. Iwi poderia ficar com ele e enfeitar sua cabeça. Jura se alegraria do mesmo modo, como se ela própria o usasse. Ninguém sabia ainda quem roubara a grinalda.

Tudo o que existia de bom em Iwi impulsionava-a a devolver o objeto furtado. A falta cometida pesava-lhe como um fardo. Não obstante, continuava negando. O que Jura pensaria dela se confirmasse o fato? Nunca acontecera de alguém tirar às escondidas algo de outrem! Para tal falta nem existia uma expressão! Quanto mais negava, tanto mais furiosa Iwi se tornava. Com raiva de Jura que a acusava de cometer tal ato, com raiva de Vau que poderia tê-la impedido de fazer coisa tão feia. Começou a gritar tanto, que todas as mulheres vieram correndo. Os homens não estavam presentes; achavam-se acampados à beira de um lago a um dia de distância, construindo jangadas.

Pareceu a Iwi como se estivesse subitamente abandonada de todos os bons espíritos. Conclamava todas as mulheres do povoado contra Jura, contava-lhes chorando que ela a acusara. Apavoradas e sem compreender, todas olharam para Jura. Como ela podia afirmar tal coisa? Além disso, existia alguém que furtava aos outros às escondidas?

Logo as mulheres dividiram-se em dois partidos. Porém, no fundo, nenhuma delas sabia o que pensar. Nem a Iwi nem a Jura, podiam admitir algo de errado.

Perturbada, Jura retirou-se. Tanto ela como as outras não compreendiam o que havia acontecido...

Iwi sentia-se arrastada de um lado para o outro. Sua intuição, a voz do seu espírito, exortava-a a confessar sua falta. Seu guia espiritual também a advertia... Custava-lhe muitíssimo não obedecer a essas vozes... O medo do que praticara atormentava-a dia e noite... Mas logo lhe veio toda a sorte de considerações. E em meio disso lhe parecia até ouvir uma voz ordenando que calasse... "As mulheres irão desprezá-la se falar", murmurava a voz desconhecida. "Por que se atormentar tanto por causa de algumas penas?"...

Nesse ínterim Vau tinha chegado aos pântanos e um dia, ao anoitecer, viu um pássaro vermelho fulgurante sentado no tronco de uma árvore tombada. Pensava em sua mulher, e um amargor brotou-lhe. Como poderia continuar a viver com ela se não levasse aquelas penas? Preferia ainda contrair para si a ira da grande protetora dos animais...

Como se estivesse cego, arremessou o dardo e ainda viu o pássaro cair no pântano com a asa fraturada, entre os enormes galhos secos. Nada mais viu; sua lança apenas feriu o pássaro e foi fincar-se mais adiante num galho grosso e tortuoso. O galho tortuoso era um ninho de vespas que Vau não enxergara. Seu aborrecimento, aqueles receios indefiníveis relacionados com sua mulher, tinham-lhe turvado a vigilância. Nunca lhe ocorrera antes não acertar mortalmente uma ave que estivesse tão perto, pousada silenciosamente.

Vau corria para salvar sua vida. As vespas envolviam-no qual uma nuvem; ele jogou-se no rio revolto onde acampara e deixou-se levar pelas águas; o corpo ardia-lhe como fogo. Salvou sua vida, porém teve de permanecer durante dias e noites dentro da água para poder suportar as dores ardentes.

Vau reconheceu como justas aquelas dores. Vira o pássaro cair e sabia que o ferira gravemente. E deixar um animal ferido viver sem amparo durante horas ou dias era um grave delito contra todas as criaturas da natureza...

Duas semanas mais tarde, quando Iwi viu seu marido, recuou apavorada. Seu rosto estava disforme, inchado e com um olho totalmente fechado...

Gravemente lhe pesava a culpa. Por sua causa algo horrível acontecera a Vau... Ininterruptamente sua intuição a impelia a confessar. Porém, quando estava prestes a fazê-lo, ela recuava. Por que falar de algo que todos há muito tinham esquecido? Além de Jura e Toli, ninguém mais se lembrava, e um dia também esses dois esqueceriam...

O raciocínio de Iwi manteve a supremacia. Apesar de sua intuição exortá-la, ela não confessou sua culpa. Quando morreu, levou-a consigo para o Além. Uma camada fina, mal perceptível, qual mofo, cobria parcialmente seu corpo e seu rosto de matéria fina, turvando-lhe o brilho puro. Inicialmente ainda seria fácil libertar-se disso. Mas tal não aconteceu.

Em novas encarnações terrenas que se seguiram, o raciocínio dominou quase sempre, e pouco a pouco o espírito se atrofiou. Tornou-se indolente, adormeceu. Quanto mais o espírito era excluído, tanto mais ativa se tornava a alma, pois os espíritos dos servidores de Lúcifer se utilizavam, por sua vez, desses instrumentos fino-materiais... Nutriam e fomentavam as tendências erradas que já se faziam notar fortemente em Iwi... Suas intuições estavam novamente fortes e expressivas. Porém, não eram mais de um espírito ligado à Luz, e sim, ao contrário, correspondiam às influências de servidores luciferianos... Desconfiança, inveja, ciúmes, vaidade e todos os outros males dominavam... Já o primeiro delito, não confessado, teve efeito determinante sobre toda a existência posterior de Iwi. Deixou-se guiar sempre por seu raciocínio... Assim prosseguiu sempre, até que finalmente a parte posterior do cérebro, o instrumento do espírito, também se atrofiou...

Hoje, Iwi vive novamente na Terra. Todavia, em nada lembra a moça bonita que outrora, antes de ter cometido a falta, vivia uma vida alegre ao lado de Vau, que tinha um bom coração. Hoje, ela é uma mulher doente, feia e sempre descontente, tendo tido vários partos de natimortos. Seu atual marido, quando não está bêbado, trabalha como estivador. Com inveja no coração, ela persegue todas as pessoas que têm uma vida melhor do que a dela. Apesar de ser uma assídua freqüentadora de igrejas, reclama contra Deus, que distribuiu as dádivas entre os seres humanos "de modo tão injusto"... Para ela não há retorno à pátria espiritual, o Paraíso. Todas as possibilidades de ascensão dadas a ela, no decorrer de milênios, asfixiaram-se desde o início com as manifestações de dúvidas do seu raciocínio. Diante das leis da Luz ela não existe mais.

A sorte de Vau é melhor, tanto terrenal como espiritualmente. Não se subjugou totalmente ao raciocínio. Por conseguinte, não perdeu de todo a ligação com a Luz. Ele é hoje um famoso ornitólogo; seu amor para com todas as criaturas da natureza lhe proporciona, sempre de novo, alegrias na vida.

A filha de quem muito gosta é a Jura de outrora. Jura, naquela época, durante o restante de sua vida, sofreu com as mentirosas acusações de Iwi, pois mesmo seu marido, Toli, começara a duvidar dela.

A Dança de Mandra

Agora o próximo quadro:
Começou com uma dança...

Mandra, a filha de Tabor, experimentava vivencialmente muitas coisas esquisitas quando seu corpo astral, à noite, se desligava do corpo terreno entregue ao sono, indo passear. Era, naquela época, uma moça bonita; seus cabelos eram de cor vermelho-cobre e os olhos verde-claros. Era famosa em toda a parte por contar tudo o que vivenciava para os seus conhecidos e também para os forasteiros. E todos se alegravam muito com as suas narrativas. O povoado de Mandra era, por causa dos seus coloridos e bonitos vasos de barro, tão famoso como a moça e as suas narrativas. Todas as caravanas, que por ali passavam, paravam para descansar e fazer negócios de troca.

Certo dia, a moça não tinha mais nada a contar. Noite após noite era atraída para um lugar onde, em um gramado, uma outra moça dançava. Quando Mandra viu a dançarina pela primeira vez, ficou chocada. Pois ela se virava e se contorcia desenfreadamente, de um lado para o outro, vestida apenas com uma saiazinha vermelha curta, de franjas, e uma estreita faixa sobre o peito. Uma dançarina nua? Mandra conhecia somente as dançarinas dos templos e essas usavam roupas compridas... Também as pequenas fadinhas das flores usavam vestidos...

Durante semanas a alma de Mandra sentia-se atraída para aquele local de danças, e quanto mais contemplava a dançarina, tanto mais se entusiasmava. As apresentações da dançarina davam a impressão de que seu corpo não tinha ossos...

Durante o dia Mandra experimentava os movimentos daquela dança. Ficava surpresa a respeito da própria leveza e agilidade com que dançava... Uma vez que o vestido comprido lhe estorvava, confeccionou uma saiazinha curta, de fios de junco, e sobre o peito colocou uma faixa amarrada de qualquer jeito... Em casa ela não podia dançar, pois apesar de seus pais de criação terem ido em uma caravana para o sul, em casa ficaram ainda duas servas... Contudo, ela conhecia uma clareira um pouco mais afastada na floresta... Ali ela poderia exercitar...

Sempre que podia, caminhava até a clareira da floresta e dançava cada vez mais desenfreadamente, vestida com a saiazinha curta de fios de junco. Porém, não estava contente. Faltava algo às suas danças... faltavam as flautas que acompanhavam os movimentos daquela estranha dançarina. Além disso, faltavam também os braços dos homens. Eram sempre muitos braços de homens, que se estendiam ao encontro daquela moça, quando ela, cansada, se deixava cair no solo...

Mandra queria dançar perante muitos. Também para ela os braços dos homens deviam estender-se... Dançar nua?... Dançar?... Sentia vergonha e medo ao pensar em tal possibilidade... Não obstante, queria dançar perante muitos e ser admirada do mesmo modo como seu modelo, a estranha dançarina.

Subitamente, seu sentimento de pudor foi superado por pensamentos que mostravam tudo sob nova luz. Por que deveria envergonhar-se do seu corpo nu? Não havia este corpo sido criado pelo supremo Deus? E os seres humanos não chegavam nus à Terra?

Uma alteração imperceptível ocorreu em Mandra. Passava os seus dias irrequieta e irritada. Este estado somente melhorou quando certa manhã lhe fora apontado Adonai! Encontrava-se ainda semi-adormecida quando nitidamente ouviu aquele nome: Adonai! O vidente! Com ele queria desabafar-se. Por que ela própria não pensara nele?

No mesmo dia ainda procurou o vidente. Quando terminou sua narrativa, Adonai olhou-a por um longo tempo. O que ela pretendia era contra a lei da Luz do supremo Deus. Ela acenou afirmativamente com a cabeça quando ele a fez refletir sobre isso... Por outro lado, dizia o vidente para si próprio: a moça vira a dança no ambiente mais fino da Terra... E se ali um corpo nu não pecava contra as leis da Luz, por que então pecaria na Terra? A curiosidade de Adonai despertou. Antes, porém, de tomar uma decisão devia ver aquela dança...

Ele viu a dança, e não precisou mais perguntar por que o corpo nu de uma moça dançando pecava contra as leis da Luz...

Adonai refletiu durante dias... A região tornar-se-ia rica e famosa. Uma dançarina quase nua executando uma dança que havia visto no ambiente mais fino das almas... Com os forasteiros não haveria dificuldades; os habitantes da região é que deveriam ser preparados para tal espetáculo.

Nesse ínterim, os conhecidos de Mandra perguntavam por que ela nada mais contava. Não compreendiam por que a moça ficara tão calada...

Adonai esclarecia, a todos que queriam ouvir, que Mandra por enquanto nada tinha a contar. Entretanto, em seus passeios noturnos através dos mundos mais finos, ela vira uma dança e também a aprendera; porém, ela ainda não a apresentara por não saber se encontraria o consentimento geral, uma vez que deveria dançar quase totalmente despida...

Mandra era de uma alegria desenfreada... Queria dançar. Energicamente afastava todas as vozes exortantes que sentia tão fortemente, como se elas lhe falassem: "O senso do pudor protege a mulher", clamavam-lhe as vozes. "Atrairás o sofrimento se lançares fora essa proteção." Mandra opunha-se, tapando os ouvidos para não ouvir mais a voz da sua consciência...

Adonai achara o modo certo de agir. Baseados nas alusões dele, todos do povoado ficaram curiosos, de modo que imploravam que lhes apresentasse a dança... Pois ela não lhes contara tudo o que vivenciara nos demais passeios? Em lugar de palavras, dançaria.

Mandra exultava. Haviam pedido... Adonai preparou um lugar fora do povoado. Também alguns flautistas acompanhariam a dança da melhor forma. Ele achou melhor que Mandra dançasse após o anoitecer. Tratou para que houvesse bastante lenha, a fim de que a jovem fosse iluminada unicamente pelas chamas das fogueiras... Os únicos angustiosos escrúpulos que Mandra sentia eram por causa de seus pais de criação, que haviam cuidado dela desde a morte de sua mãe. Porém, ambos estavam longe...

Chegou a noite e Mandra dançou. O silêncio era mortal. Parecia que os muitos espectadores que rodeavam o local de dança haviam ficado subitamente mudos. Muito se havia falado na dança, mas na realidade ninguém formara uma idéia do que lhes seria apresentado...

Quando Mandra, cansada, deixou-se cair no solo, todos continuaram sentados como se estivessem atordoados. Então, os senhores das caravanas e os negociantes se levantaram de um salto e com gritos selvagens corriam de braços abertos em direção à jovem. Adonai, porém, tinha tomado suas precauções. Enquanto os homens tropeçavam no local de dança para ganhar a dianteira, alguns amigos de Adonai ergueram Mandra e levaram-na para sua casa, protegidos pela escuridão da noite.

O que essa primeira dança da seminua Mandra desencadeou, é difícil de descrever. Paixões e cobiças até aí desconhecidas irromperam, chegando a inimizades e brigas. Mocinhas queriam aprender a dançar, contra a vontade de suas mães... Com a interpretação de Adonai, que o corpo humano criado por Deus jamais poderia pecar contra a lei da Luz, floresceu um culto glorificando o corpo da mulher. Colocaram toda a sorte de estátuas... e imperceptivelmente surgiu um culto de ídolos e de idolatrias, afastando cada vez mais a originalmente pura adoração a Deus.

Com a despudorada dança infiltrou-se um elemento destruidor, desencadeando forças poderosas, que por fim impeliam lentamente, porém de maneira segura, seus participantes para um destino trágico: a ruína... O espetáculo apresentado por Mandra abriu largos círculos. Pois todos os mercadores estrangeiros presentes levaram a notícia para longe. Além disso, a interpretação de Adonai divulgada sobre o corpo humano encontrou adeptos por toda a parte.

A conseqüência foi que mesmo povos longínquos criaram cultos, turvando lentamente a crença pura.

E Mandra? Ela ainda dançou quatro noites, mas a maioria dos espectadores era constituída por homens que lhe estendiam os braços cobiçosos. Quando voltou para sua casa no quarto dia, após a dança, o pai veio-lhe ao encontro.

Apreensão e receio haviam impulsionado seu retorno, o mais depressa possível. Deixou a caravana que vagarosamente seguia seu caminho e rapidamente cavalgou com alguns companheiros, adiantando-se. Pois em imagem havia visto sua filha Mandra, nua, girando em círculos... Algo pavoroso devia ter acontecido na sua ausência. Não compreendia o inexplicável que acabara de ver... todavia, a realidade superava tudo...

— Vi tua dança, disse Tabor com voz quase irreconhecível.

Mandra tremendo deixou-se cair diante do pai. Pela primeira vez na vida sentia medo. E pela primeira vez sentiu a carga opressora do sentimento de culpa... Por que, por que não obedecera sua voz interior? E por que, por que não ouvira as vozes de advertência dos seus amigos celestes? Contudo, o que teria feito, aliás, de mal? Certo, Adonai dissera de início que tal dança era pecado perante a lei da Luz... porém, mais tarde, depois de refletir sobre tudo, ele achou...

— Vi tua dança, Mandra. Para ti não há mais lugar na Terra. Prepara-te. Tabor, em vestimenta branca de sacerdote, estava diante dela, olhando-a com fisionomia estarrecida de dor. Mandra levantou-se e vestiu o vestido comprido que ele lhe jogou...

Ouviram vozes. Tabor reconheceu a voz de Adonai chamando por Mandra. A jovem olhou assustada para o pai. O que ele faria? Adonai por certo soubera da volta de seu pai e pressentira algum infortúnio.

Mandra baixou a cabeça e seguiu o pai. Todavia, ao notar que Tabor tomava o caminho que levava à sepultura de sua mãe, sentiu um medo pavoroso... Para lá não... Precisava fugir e esconder-se... No campo das pedras, à beira norte das culturas, estaria segura... O caminho era longo... Finalmente chegou lá, deixando-se então cair entre os fragmentos de rocha ainda quentes devido ao calor do sol...

Tabor notou sua fuga poucos segundos depois. Quando se virou, viu como ela corria pelos campos. A noite era clara, poderia tê-la seguido. Porém, uma invisível mão o deteve. "Tarde demais"... Durante longo tempo Tabor ficou parado, olhando na direção onde a moça desaparecera. Depois, como que pedindo desculpas, levantou as mãos para o céu, e lentamente se pôs a caminho de volta.

— Onde a deixaste? perguntou Adonai quase gritando, ao vê-lo voltar sozinho.

— Onde? Entristecido, Tabor olhou o rosto do vidente contraído de medo e culpa. Pega teus amigos e traze-a de volta. Ela está no campo das pedras. Fugiu para lá.

— No campo das pedras? Adonai assustou-se. As pequenas víboras voadoras viviam ali...

O sol já ia alto no céu, quando Adonai e dois pastores trouxeram a moça de volta. Estava morta, o corpo inchado e azul. Em sua perna viam-se duas pequenas feridas provenientes da mortífera picada da víbora...

Lentamente voltou a paz para o povoado. Nenhuma moça quis mais aprender a dança de Mandra. Externamente tudo era como antes. Contudo, a sementeira sinistra não poderia mais ser extinta. O raciocínio tinha principiado seu domínio.

Mandra e Adonai tinham intuído de modo exato que fizeram algo de errado. Pois era impossível não terem ouvido a voz de seus espíritos. Mas eles acharam tantos motivos intelectivos para suas intenções, que conseguiram afastar a voz interior, a voz de seus espíritos. A astúcia do raciocínio tornou-se uma luz mortuária também para essas duas criaturas humanas. Apesar de inúmeras e subseqüentes encarnações terrenas, ambos não acharam o caminho de volta. Seguiram caminhos errados, indicados pelo raciocínio, e assim se separaram cada vez mais da pátria luminosa, o Paraíso.

Ambos, Adonai e Mandra viveram novamente na Terra no século do Juízo. Essa última encarnação terrena terminou sinistramente. Encontravam-se em um país asiático, onde há anos a guerra espalha medo e horror... Mandra era dançarina em um lugar de péssima reputação. Num bombardeio aéreo ela perdeu uma perna e recebeu ferimentos nos braços. Curou-se, mas a perna ninguém lhe pôde restituir. Não quis continuar vivendo como aleijada e deu fim à sua existência terrena com uma superdose de ópio.

O mesmo bombardeio aéreo acabou com a vida terrena de Adonai. Ele trabalhava como sacerdote em uma seita, desejoso de aumentar o número de adeptos. A bomba caiu na casa de madeira onde ele se encontrava; não o feriu, porém com o incêndio provocado sofreu horríveis queimaduras que o fizeram gritar de dor durante horas. A ele também o ópio, dado por um enfermeiro misericordioso, libertou da existência terrena.

Caim e Abel

Tomemos, como último exemplo, um acontecimento descrito no Velho Testamento da Bíblia. Trata-se de "Caim e Abel"!

Sabemos através da Mensagem do Graal, de Abdruschin, "Na Luz da Verdade", que a Bíblia era em primeira linha um livro espiritual, dando-nos esclarecimentos sobre fatos espirituais. Muito antes do tempo de Cristo, um vidente recebeu e retransmitiu, corretamente, a história de Caim e Abel. O quadro espiritual foi-lhe mostrado de tal maneira, que não poderia haver dúvidas... Só muito, muito mais tarde, quando os velhos textos dos videntes e profetas foram revisados, para que se tornassem mais "compreensíveis" aos seres humanos, é que a Verdade original foi tão turvada e até falsificada, que a maior parte dos seres humanos interpretavam as descrições da Bíblia como acontecimentos ocorridos na Terra.

A história de Caim e Abel não deveria ser apenas um ensinamento para o ser humano não cobiçar os bens de seu irmão, tampouco apenas ter o sentido de que não deveria matar para se apropriar dos bens alheios... Tais delitos poderiam ser redimidos, se o arrependimento fosse sentido de modo intuitivo e profundo, sendo reparados também os danos. Naturalmente, a extinção de tal culpa não é fácil, contudo existe a possibilidade de uma reparação.

Mas Caim foi amaldiçoado, e o Senhor, devido aos seus pecados, gravou um estigma em sua testa... Esse "estigma de Caim" é o sinal de Lúcifer, mencionado na Bíblia. É a cruz torta, o "X". Quem a tiver na testa não tem possibilidade de remição nem de libertação de seus pecados... tal pessoa perdeu a sua condição humana... A maioria dos seres humanos, hoje na Terra, tem o estigma em suas testas. Isto quer dizer que estão espiritualmente mortos. Vivem ainda na Terra e na matéria fina, contudo, agora no Juízo desaparecerão para sempre também das regiões das matérias...

O quadro original recebido pelo vidente sobre Caim e Abel era o seguinte:

Caim e Abel! O vidente viu espiritualmente duas figuras humanas, que apesar da diferença exterior estavam ligadas entre si de alguma forma. Caim era um tipo rústico, feio, sua cabeça desproporcionalmente grande em comparação ao corpo. Tinha também algo de brutal e ardiloso. Seus interesses eram dirigidos exclusivamente para as coisas terrenas. Tudo quanto estivesse fora disso, ele combatia implacavelmente. Corporificava o ser humano preso à matéria, brutal, não obstante covarde, que adorava seus ídolos terrenos...

Abel era exatamente o contrário. Belo e bem-proporcionado. Também sua vestimenta era mais leve e clara. Em seus olhos brilhava o amor e a alegria de viver; seu olhar muitas vezes se elevava em silencioso agradecimento à Luz. Apesar da diversidade, Caim e Abel pertenciam-se, um ao outro. Mesmo não querendo saber nada sobre Abel, Caim tinha de aturar sua presença, pois este não o abandonava. Embora ele o tratasse com todo o desprezo, Abel procurava incansavelmente despertar nele um anseio espiritual...

Todos os esforços de Abel foram em vão; seu amor e paciência aborreciam Caim. E ao mesmo tempo ele também os temia. Certo dia a voz de Abel começou a ficar mais fraca. Somente muito baixinho suas palavras exortantes chegavam ao ouvido de Caim... Apesar disso... Abel ainda se encontrava próximo. Ele movimentava-se apenas lentamente e parecia estar doente e fraco, até transparente, e mesmo nesse estado Caim não podia suportar sua presença.

"Então Caim matou Abel e a voz do seu sangue absorvido pela terra, clamou para o céu...

E o Senhor amaldiçoou Caim... Nesse momento se tornou visível o sinal dos condenados em sua testa. A partir desse instante Caim foi banido do reino de Éden, o reino da Luz. Desde então, passou a viver bem longe, no reino hostil de 'Nod', que é o reino lúgubre dos renegados..."

O quadro espiritual mostrado ao vidente, sobre Caim e Abel, impressionou-o profundamente. Sim, era para ele uma revelação. Pois naquela época dominava desavergonhada idolatria por toda a parte na Terra, e por toda a parte os seres humanos se combatiam e se tornavam inimigos... Os bem-intencionados sofriam e procuravam os motivos da situação calamitosa.

O motivo foi o Caim dominador, o cérebro, o raciocínio. O raciocínio queria ser o senhor e não o servo. Não queria mais ouvir a voz do seu espírito. Essa voz exortante interior tornou-se-lhe incômoda...

Caim, o raciocínio preso à Terra, e Abel, o espírito ligado à Luz... Caim, o raciocínio, opôs-se tanto tempo à voz de Abel, a voz do espírito, que finalmente o matou...

O que é o ser humano sem espírito? Matéria perecível, nada mais. Certa vez um escritor, cujo nome não lembro mais, emitiu em poucas palavras uma correta definição. Ele escreveu:

"Quem separa a carne do espírito, obtém um resultado esquisito. O ser humano transforma-se numa estátua, para a qual, na realidade, não há mais utilidade!"

Caim e Abel! Os filhos de Adão e Eva!...

Adão e Eva são dois seres nos reinos da Luz que nunca estiveram encarnados na Terra; corporificam o supremo espiritual humano... O masculino positivo e o feminino negativo. O fato de Caim e Abel terem sido designados como filhos de Adão e Eva devia indicar que o quadro espiritual visto pelo vidente se refere aos seres humanos. Abel, o espírito humano, mais fino, almejando pela Luz, que no entanto se tornou indolente, e Caim, o raciocínio grosseiro, preso à Terra. Apesar de diferentes, um necessita do outro. Sem a cooperação harmoniosa entre ambos não há desenvolvimento no sentido da Luz. Conseqüentemente não há libertação nem ressurreição...

"Caim matou Abel, e a voz do seu sangue absorvido pela terra, clamou para o céu..."

Com a expressão sangue deve-se entender o espírito. O espírito sacrificado à Terra, à matéria, ao raciocínio. O espírito que sem oposição se deixou sacrificar.

Sempre que for mencionado o sangue em um escrito espiritual deve-se entender aquilo que se acha estreitamente ligado ao espírito. Pois é o espírito que forma o sangue.

É no meio da gestação, quando o corpo da criança está em formação, que o espírito encarna. Daí, então, o próprio sangue do corpo da criança começa a circular. Quando o espírito, por ocasião da morte terrena, abandona o corpo é que o sangue deixa de existir... O leitor encontrará esclarecimentos mais detalhados no livro "Na Luz da Verdade", Mensagem do Graal, de Abdruschin, vol. 3, dissertação *O Mistério do Sangue*.

O Espírito e seus Corpos Auxiliares

Agora alguns esclarecimentos ainda referentes ao próprio espírito. Freqüentemente são usadas frases como: "espírito morto, espírito das trevas, o ser humano que vendeu sua alma, etc.". São expressões muitas vezes usadas, sem que as pessoas que as empregam saibam o que devam entender com isso. Entretanto, o ser humano deve conhecer a verdade, senão suas palavras permanecem vazias e sem sentido.

O espírito é a forma humana que pôde desenvolver-se através da irradiação da minúscula centelha azul da Luz, o germe espiritual, durante o processo evolutivo de milhões de anos. A minúscula e viva centelha azul é o "coração" do corpo humano espiritual, originalmente de maravilhosa beleza. É igual ao coração de um corpo humano de matéria grosseira. Ela é o centro de todas as funções da vida.

O maravilhosamente belo espírito humano tem, porém, de percorrer diversas matérias. Pois somente nas matérias podem desenvolver-se todas as faculdades latentes da centelha de Luz, viva e azul, o germe espiritual.

O espírito humano imaculado é de espécie totalmente diversa dos mundos materiais. Por conseguinte, necessita de meios auxiliares para poder atuar nos mundos mais densos e de outra espécie. Esses meios auxiliares — poderíamos dizer também "corpos auxiliares" — são as almas, cujos corpos de matéria fina correspondem exatamente à densidade dos mundos de matéria fina, e os corpos terrenos adaptados à pesada matéria.

O corpo terreno foi equipado com o raciocínio, e a alma de matéria fina com a intuição. A intuição é desencadeada por uma onda de força do espírito que atua progressivamente sobre o raciocínio e o incita a agir.

Ambos os corpos auxiliares, isto é, a alma e o corpo terreno, nada representam sem as ondas de forças provenientes do espírito. São invólucros sem vida, como por exemplo: os vestidos e as capas que vestem um corpo terreno. Somente o espírito transmite vida à alma e ao corpo terreno, obrigando-os a se movimentarem.

O espírito dominava, e o raciocínio servia-o, preparando, conforme a sua espécie, as impressões que recebia do espírito. Enquanto isto ocorria, o espírito vibrava em harmonia com ambos os invólucros, e a paz, a alegria e a felicidade reinavam na Terra!...

Espírito, alma e corpo terreno! Três corpos firmemente ligados entre si, por meio de "pontes". Tais pontes, por sua vez, constituem uma espécie de corpo auxiliar, tendo como única finalidade ligar entre si o espírito, a alma e o corpo terreno de tal forma, que uma perfeita cooperação seja possível.

Enquanto o ser humano terreno não havia pecado contra o espírito através do raciocínio, o espírito ligado à Luz traspassava com a sua irradiação a alma e o corpo terreno, de modo que também em ambos se encontrava o reflexo da beleza espiritual...

Mas então chegou o tempo em que a tragédia humana começou.

O ser humano terreno, de súbito, sentiu-se forte e seguro de si com seu instrumento, o raciocínio, e começou a fazer coisas que não vibravam em harmonia com a sua intuição. De modo consciente iniciou a sua atuação errada. Pois a intuição lhe dizia acertadamente quando algo estava errado... Entretanto, preferiu assim... perguntando a si próprio por que haveria de agir sempre corretamente...

É lógico que pensamentos desta natureza tiveram em toda a linha seus efeitos negativos. A cooperação harmoniosa entre o espírito e o corpo ficou perturbada quando os seres humanos deixaram o domínio ao raciocínio preso ao espaço e ao tempo. O ser humano até aí sem culpas, isto é, livre de carma, começou a pecar contra o Espírito do amor, fechando-se contra qualquer influência da Luz.

Com esse pecado irreparável contra o Espírito do amor, os caídos espíritos do séquito de Lúcifer conseguiram aproximar-se das almas humanas e ganhar influência sobre elas.

O raciocínio começou a dominar! Com isto o espírito se tornou indolente, sonolento e fraco. Quanto mais fraco se tornava o espírito, tanto mais fácil era para os servidores de Lúcifer subjugar as almas humanas. Dessa forma, as intuições anímicas imperceptivelmente se transformaram. Enquanto o espírito ligado à Luz dominava na Terra, as criaturas humanas sentiam intuitivamente o amor à Verdade, a fidelidade à Luz e misericórdia; elas possuíam um pronunciado senso de justiça, amavam todas as criaturas e respeitavam-nas...

Mais tarde, quando as almas se submeteram às influências dos espíritos renegados, foram desaparecendo pouco a pouco todos os sentimentos intuitivos puros e luminosos, e outros sentimentos intuitivos, não menos fortes, influenciavam então as almas humanas: a mentira, a desconfiança, a crença errada, a inveja, o ciúme, o ódio, a falta de pudor e muito mais ainda...

As formas dos sentimentos intuitivos atuam de modo muito mais forte e duradouro do que as formas de pensamentos; também não podem ser eliminadas tão facilmente. As formas dos sentimentos intuitivos negativos jazem hoje como sombras impenetráveis sobre as almas humanas. São impregnadas de toda a sorte de germes de doenças, que envenenam as almas e os corpos terrenos. Toda a vontade má do sentimento intuitivo se impregna nos corpos de matéria fina, isto é, nas almas...

Hoje, a maioria dos seres humanos porta o estigma de Caim em suas testas. Isto quer dizer que os espíritos estão mortos. Nenhum poder da Terra pode despertar um espírito morto para a vida. O que os espera é apenas a terrível desintegração, a desintegração da forma humana...

Mas o ser humano terreno não deve comparar "o espírito morto" com o corpo terreno morto. Isto o levaria a cometer erros. No espírito morto, posto fora de ação, fulgura ainda, mesmo assim, a centelha viva do espírito, o coração espiritual!

Enquanto o espírito possuir a forma humana, ele ainda irradia tanto, que a alma e o corpo terreno são mantidos juntos em movimento. Contudo, trata-se apenas de um calor magnético próprio de cada espírito humano. Esse calor produz a junção.

Mesmo em sua forma mais fraca, basta o calor magnético de um espírito humano para que ele possa se encarnar na Terra. Ele próprio, porém, é morto de acordo com a lei da Luz. Cada espírito humano que permanece certo tempo fora de atividade alcança automaticamente um estado que o faz perder a ligação com a Luz. Daí então não existe mais nenhuma ligação superior. Quando isto acontece, segundo a lei da Luz, o espírito está morto. Seu nome, anotado no reino espiritual, se apaga.

O espírito está morto, não obstante seu calor magnético possuir algo de certa espécie enteal, que ainda continua a atuar. Dessa forma podem encarnar espíritos que na realidade há muito já estavam mortos.

Somente quando tal calor se apaga, o que ocorre exatamente dentro de um prazo determinado, é que não existe mais possibilidades de encarnação. Aí vem a queda para as profundezas, de onde não existe mais nenhuma salvação...

Talvez agora os leitores perguntem: por que não é tirado imediatamente de um espírito morto o calor, para que não se encarne mais?

Na maravilhosa Criação não existem atos arbitrários. A composição e a decomposição se realizam de acordo com leis que atuam com a máxima exatidão. O espírito humano morto fica primeiramente desligado do reino da Luz, isto é, de sua onda de força espiritual. Todavia, tal não ocorre de um minuto para o outro; segundo o cálculo humano, passam-se milênios até que todos os fios — poderíamos dizer também raízes —, mesmo os mais delicados que ligam o espírito à sua pátria luminosa, se desfaçam. Somente depois disso é que podem, pouco a pouco, ir secando também todos os fios que o ligam com uma bem determinada esfera de força enteal, situada abaixo de sua pátria, o Paraíso. Também nisto se passam milhares de anos. De acordo com os conceitos humanos estritamente ligados ao espaço e ao tempo, isto é um longo período...

Enquanto o espírito humano não alcançar o estado em que perde a ligação com a Luz, existe sempre ainda uma fraca possibilidade de salvação. Ele ainda faz parte dos "espíritos adormecidos" que poderão ser despertados. Entretanto, dispõem de pouco tempo apenas. No decorrer de milênios, muitos foram os chamados da Luz que chegaram a eles para despertá-los e sacudi-los. Mas foi tudo em vão. Com as trombetas do Juízo chega agora o último chamado, que, despertando, atinge seus espíritos. Se também a este chamado não quiserem ouvir, não haverá mais nenhuma ressurreição para os "espíritos adormecidos"…

No momento em que o ser humano deixou de seguir a sua intuição, a voz do seu espírito, agindo apenas segundo as ponderações do seu raciocínio preso ao espaço e ao tempo, ele começou a pecar, seja intencionalmente ou não; cometeu o primeiro pecado e os outros seguiram-se…

A voz interior, a voz do espírito, foi sobrepujada pelo raciocínio. Não encontrou nenhum eco nos cérebros dos seres humanos terrenos. Ninguém mais ouviu o espírito. Ele se tornou indolente, adormeceu; o sono transformou-se em sono da morte…

Sendo assim o espírito seria inocente! Pois foi o raciocínio que o colocou fora de ação! Naturalmente tal suposição está errada. O espírito não precisava tornar-se indolente por causa disso! Tão indolente que alcançou um estado semelhante ao estado do sono terreno. Pelo contrário! Apesar da forçada inatividade teria de ter permanecido alerta! A ligação com a fonte espiritual da Luz ter-lhe-ia transmitido força suficiente!...

Em vez de permanecer alerta, o espírito afastou-se tanto do seu lugar, que não foi mais capaz de cumprir sua missão. Tornou-se indolente. Só assim foi possível ao raciocínio vencê-lo. O espírito, então, ficou cada vez mais fraco. Desvaneceu-se o seu corpo belo e robusto. Foi como se um germe estranho lhe tivesse sugado todas as forças. E assim foi. O raciocínio tornou-se cada vez mais forte devido à força espiritual que fluía para ele, ao passo que o espírito, devido à sua indolência, deixou dissipar inutilmente as suas forças...

Para melhor compreensão um exemplo:

Quando pessoas moram muito juntas numa casa na Terra e se deixam tiranizar caladas por um dos habitantes, tolerando a sua impertinência e mania de dominar, e portanto temerosas se rebaixam em vez de enfrentá-lo, elas perdem energias. Tornam-se mais fracas, ao passo que o tirano fica cada vez mais poderoso e mais impertinente.

Exatamente assim aconteceu com os espíritos humanos. Deixaram o tirano raciocínio dominar. Retrocederam em vez de aceitar a luta... ou pelo menos permanecer alertas.

Os muitos temores que atormentam hoje os seres humanos terrenos, e para os quais não existem calmantes, constituem um fraco reflexo do inimaginável medo de seus espíritos, que cheios de horror enxergam o perigo que os envolve por toda a parte...

Vós que estais lendo esta narração, não vos deixeis guiar por vosso raciocínio! Ouvi a fraca voz proveniente do vosso íntimo, ela é a expressão do vosso espírito, é a vossa consciência...

CAPÍTULO IV

O SOL MORRE

A estrutura física do nosso Sol chegou ao seu ponto crítico!...

Os astrônomos e astrofísicos chegaram há muito ao reconhecimento de que no Universo, apesar das inimagináveis dimensões, nada é infinito e nada é ilimitado. O espaço do Universo se expande, sim, visto que continuamente nova matéria, isto é, novos corpos celestes se formam, não obstante sempre persistir um limite.

Também a duração de vida de cada estrela é limitada. Onde houve um início também terá de haver um fim, de acordo com a lei. Dentro da matéria nada é eterno!

Cada um dos bilhões de sóis e cada um dos planetas chega a um ponto, para ele previsto, onde se inicia seu estado final. Nosso Sol, pois, chegou a esse ponto final!

Os astrofísicos calculam que o Sol tenha quatro bilhões de anos; um longo período no conceito humano...

É chegado, portanto, agora, o ponto de transição, não somente para os seres humanos, mas também para o Sol e a Terra...

O fato de a humanidade achar-se em um ponto de transição, não mais pode ser ocultado. Em um ponto de transição com conseqüências catastróficas... Não obstante todo o progresso técnico, o ser humano vagueia num mar de horrores, envolto por formas de medo...

E o Sol? Nosso maravilhoso e tão querido Sol morre! As manchas solares, desde anos, sinalizam a notícia para o cosmo de que as condições na gigantesca estrela solar se alteram.

O Sol é uma "estrela fixa", constituída de gases incandescentes, de tamanho inimaginável. Milhares e milhares de planetas como a Terra seriam necessários para preencher seu volume.

As manchas escuras que aparecem no Sol são designadas pelos perscrutadores dos astros de "fenômenos misteriosos". Poderiam observar desde já que as manchas solares constituem funis gigantescos no meio dos campos de energia magnética. Esses funis são preenchidos por elementos agitados e em turbilhão, lançados depois para cima como gases incandescentes a uma altura de muitos milhares de quilômetros. Foram observadas erupções solares que possuem o poder de "um bilhão de bombas de hidrogênio". O físico e detentor do prêmio Nobel, H. A. Bethe, diz com razão que o Sol é na realidade uma gigantesca bomba de hidrogênio... sendo esta, aliás, muito bem regulada...

No que se refere à assustadora e imensa perda de energia, os astrofísicos crêem ter achado a solução do enigma. Existem cálculos de que no interior do corpo solar e das estrelas fixas em geral transforma-se continuamente hidrogênio em hélio, dispondo o Sol, por conseguinte, de fantásticas reservas de energia.

Com isso, no entanto, ainda está longe o esclarecimento "do fenômeno misterioso" das erupções solares... A expressão "fenômeno misterioso" ainda hoje é usada nos círculos científicos...

Os astrônomos poderiam aprender muito por meio dos novos e grandes telescópios. Já se "supõe" que deva haver, em alguma parte do Universo, "uma direção central do movimento orbital de todos os corpos siderais"... Com tal "suposição ou conjectura" se aproximam deveras da verdade. Poderiam hoje saber muito e muito mais, se não rejeitassem sempre sua intuição, por não poderem analisá-la cientificamente... O conhecimento do raciocínio, sozinho, sempre permanecerá estreitamente delimitado...

Entre os astrofísicos e outros perscrutadores de astros, há também alguns poucos nos quais o raciocínio não atua de modo estorvante... São esses que, com temor no coração, observam as gigantescas erupções no Sol, pois sabem que este já é muito velho e que há muito já ultrapassou seu ponto máximo...

Estrela Fixa

Um esclarecimento ainda sobre a denominação "estrela fixa". Os sóis são chamados estrelas fixas visto que seus próprios movimentos, muitas vezes extensos, são difíceis de se observar... Fixo, portanto sem movimento, nada existe na Criação...

Os efeitos das erupções solares alcançam longe, pois as correntes carregadas de eletricidade e de elevada atividade, liberadas nas erupções, irradiam para o espaço sideral, tocando aí também os campos magnéticos da Terra. Com isso causam tufões, tornados, chuvas excessivas ou grande estiagem... Além disso, observou-se que por ocasião de erupções solares intensas os assassínios e suicídios aumentam consideravelmente.

Em muitos casos os seres humanos tornam-se mais nervosos, mais irritadiços e mais adversos ao trabalho. Onde já existir alguma fraqueza com referência aos brônquios e à garganta também poderão eles ser atacados... Essas são naturalmente algumas indicações, pois as explosões solares têm ainda muitos outros efeitos que não são perceptíveis facilmente...

As erupções solares anunciam que nosso maravilhoso corpo celeste diurno atingiu seu estado final! As alterações físicas em seu interior indicam uma transformação radical... Aliás, uma transformação durante a qual finalmente o gigantesco Sol será tão comprimido, que apenas restará dele uma estrela não maior do que a nossa Terra... Uma estrela densamente concentrada, possuindo apenas pouca força de luminosidade...

Na astronomia os sóis quando apagados são denominados "anãs brancas"!...

O Novo Sol

Um sol que fornece luz e calor para toda uma família de planetas não pode assim sem mais nem menos explodir, sem que um outro sol mais forte já esteja nas proximidades! Atos arbitrários não existem na Criação! Também o apagar ou o desintegrar de um corpo sideral pode somente se realizar de acordo com um plano de tempo predeterminado na lei da natureza.

Com a expressão "proximidade", usada aqui em relação aos astros, entende-se sempre uma "proximidade astronômica"... Nenhuma estrela está próxima da outra. Com seus gigantescos telescópios, os astrônomos denominam o espaço sideral de "deserto vazio", visto as distâncias entre os astros serem enormes. Observado da Terra tudo parece completamente diferente. A "Via-Láctea" parece uma aglomeração de estrelas situadas todas "próximas" umas das outras. Contudo, tal aparência ilude. As distâncias entre elas contam-se em anos-luz.

Na bem organizada "direção central dos movimentos orbitais dos corpos celestes" ocorrem "raros fenômenos naturais", em intervalos de milhões de anos!... Um tal fenômeno da natureza ocorrerá agora no século do Juízo! Dois sóis encontrar-se-ão. Melhor dito, já se encontraram!

Enquanto a esfera de gás incandescente do nosso velho Sol se apaga sob indescritíveis erupções, o novo e maior sol já se movimenta para sua nova localização, para então, quando chegar o momento, manter toda a família de planetas conforme a lei de gravitação...

O processo acima descrito não pôde ainda ser observado por meio de telescópios, conseqüentemente os astrônomos nem cogitam tal possibilidade... Cogitam, sim, de uma catástrofe solar e da Terra, mas não na atualidade. Dizem que um Sol com a idade de quatro bilhões de anos e possuidor de tantas "reservas fantásticas de energia" ainda continuará vivo...

Por outro lado existem alguns astrônomos que, baseando-se em métodos especiais de pesquisas e cálculos, falam há anos de uma intensa fonte de luz, cujas irradiações atuam sobre o nosso Sol, provocando nele as explosões. Inicialmente pensavam eles em um cometa. Tal suposição, porém, não pôde ser mantida, em vista do tamanho do nosso Sol... O diâmetro do Sol supera o da Terra por cento e nove vezes... Mesmo o maior cometa não poderia exercer influência sobre as massas gasosas incandescentes de um colossal astro solar...

Igualmente, um poderoso cometa já se acha nas "proximidades", não sendo ainda reconhecível. Sob suas irradiações e influência, a Terra inteira estremecerá e seu aspecto modificar-se-á pela última vez.

As Conseqüências Sobre a Terra

Os inúmeros movimentos tectônicos da crosta terrestre e os muitos outros abalos sísmicos constituem "sinais" de que também no interior do planeta Terra se processa algo fora do comum! Durante os últimos tempos foram registrados oitenta mil abalos sísmicos anualmente! A maioria não causou muitos danos, mas o fato em si, de a Terra estar tremendo praticamente sem parar, não indica nada de bom... De qualquer forma, não indica nada de bom para os seres humanos...

Há poucos dias (estamos agora em abril de 1969), os entendidos das Nações Unidas mandaram publicar pela imprensa a notícia alarmante que de agora em diante, a qualquer momento, poderá ocorrer um fenômeno sísmico no qual poderão perecer até um milhão de pessoas...

Apesar de todos os abalos e transformações, o fim da Terra ainda não chegou. Contudo, ela será lançada para fora de sua órbita no momento em que as alterações físicas processadas no interior do Sol se efetivarem e a força de atração diminuir...

Tão logo a atração do Sol diminua, a Terra automaticamente será afastada de sua "delimitação distancial crítica". Em outras palavras, será lançada para fora de sua órbita atual... Os limites de distância entre os astros estão ancorados nas leis da natureza. Qualquer desvio destes põe em perigo a estabilidade dos respectivos astros, visto seu ritmo sair do equilíbrio.

Essas "delimitações distanciais críticas" necessárias foram descobertas e calculadas primeiramente pelo matemático Roche. São denominadas por isso de "limitações de Roche"!...

Um corpo sideral que deixa os limites críticos corre o perigo de ser dilacerado!

A Terra não será dilacerada. Será atraída pelo novo sol, como que por um ímã, e conduzida para sua nova órbita... Será um raríssimo acontecimento natural, que se tornará possível no Juízo pelos efeitos conjuntos de muitos fatores. Quando se realizar tal ocorrência, a Terra estará liberta do fardo de um bilhão ou mais de seres humanos... Um bilhão de pessoas a menos... só isto bastaria para lançar nosso planeta para fora de sua órbita!...

Quando a Terra deixar sua órbita antiga, reinará escuridão aqui durante vários dias... Será noite no planeta maculado pelos seres humanos... Uma longa noite cósmica!...

Indico aqui um tópico de "Na Luz da Verdade", Mensagem do Graal, de Abdruschin, vol. 1, dissertação *O Mundo*. Ali está escrito textualmente:

> *"A Terra está chegando agora ao ponto em que se afastará da órbita seguida até então, fenômeno este que se fará sentir fortemente também na matéria grosseira. Então se estabelecerá cada vez mais intensamente a separação entre todos os seres humanos, separação esta que já foi preparada nos últimos tempos, pronunciando-se por enquanto apenas em 'opiniões e convicções'.*
>
> *Por esta razão cada hora da existência terrena se torna mais preciosa do que nunca."*

Estas palavras da Mensagem do Graal contêm uma advertência, uma exortação, mas também... uma promessa... Ditoso aquele que for digno da graça de Deus!

No tempo vindouro, o ser humano ficará à mercê das forças da natureza, às quais não estará apto a enfrentar e das quais também não poderá fugir...

Somente aquelas pessoas que tenham mudado espiritualmente para melhor poderão ser protegidas dessas forças… Para tais pessoas, a graça de Deus será certa!

Existe Vida em Outros Planetas?

Certamente vivem também em outros planetas, dos bilhões de sistemas solares, criaturas humanas. Existem inúmeros planetas com as mesmas condições favoráveis em sua superfície como aqui em nossa Terra. Portanto, os que possuem condições semelhantes à nossa, são habitados!… Aliás, por seres humanos como nós. A forma humana é a mesma na Criação inteira…

As figuras fantásticas, segundo se diz, descendo de discos voadores e assustando pessoas, são fantasias ou mentiras… Provavelmente são pura invenção, pois tais criaturas não existem… Nem enteais desse tipo existem… Além disso, estes, de acordo com sua espécie mais fina, não poderiam ser percebidos pelos olhos humanos grosso-materiais…

Todo o Universo é habitado! Habitado por enteais de todas as espécies. Mesmo no chamado "vazio e deserto espaço do Universo" reina a maior atividade! A "misteriosa irradiação" denominada energia, que contém o material de construção de todos os corpos do Universo, traspassa, invisível ao olho humano, todo o cosmo. Onde há energia, também há vida e movimento!

As opiniões dos astrônomos sobre a existência de seres humanos em outros planetas são divididas. Aqueles cuja intuição não está bloqueada pelo raciocínio estão convictos de que existem criaturas humanas também em outros planetas. Pois seria improvável que apenas um único corpo celeste fosse habitado, entre os bilhões de sistemas solares...

Um biólogo russo e um astrônomo americano chegaram em suas pesquisas, referentes ao cosmo, ao resultado de que, entre os cento e cinqüenta bilhões de astros da nossa galáxia, existem pelo menos cento e cinqüenta mil planetas habitados por seres humanos, como na Terra. Há, naturalmente, também outros pesquisadores de idêntica opinião, como a dos dois aqui citados...

Nosso planeta terrestre é hoje um dos muitos habitados por criaturas humanas. Apenas há três milhões de anos isto era diferente, pois naquela época chegaram a este planeta em que vivemos os primeiros seres humanos para a encarnação.

Somente muito, muito mais tarde e sempre em intervalos exatamente predeterminados, foi que se iniciaram as encarnações de espíritos humanos também em outros planetas...

No que se refere ao tão discutido planeta Marte, nele não habitam e nunca habitaram seres humanos. Na sua atmosfera pobre em oxigênio não haveria possibilidade.

Com o planeta Vênus é diferente. Possui ele atmosfera, possibilitando a vida de seres humanos. Existe ali muita água, e a temperatura ambiente é sempre quente. Devido à grande umidade do ar, a vegetação é sempre fresca e verde. A abundância de flores ali é indescritível. Por toda a parte brotam da terra nascentes de água quente, e existem lagos cuja água em muitos lugares é tão quente que parece ferver... As criaturas humanas que habitam o planeta Vênus acham-se ainda bem no início de seu desenvolvimento, de modo que, até agora, ainda são incorruptas.*

Nunca um ser humano terreno chegará a outro planeta habitado numa astronave. A distância que nos separa da Lua não é tão grande em comparação com a dos outros planetas. A conquista dos astros é uma ilusão! Mesmo a "conquista" da Lua não tem valor prático...

Os verdadeiros segredos da natureza há muito já se acham fechados para as criaturas humanas. As mais espetaculares conquistas técnicas nada poderão alterar nisso...

---

* Como esclarecimento adicional, seja dito ainda que o planeta Vênus, além do aqui exposto, possui também grandes áreas desérticas. Quanto ao ritmo de amadurecimento em cada planeta, vide "Na Luz da Verdade", Mensagem do Graal, de Abdruschin, vol. 3, dissertação *Germes Enteais*.

CAPÍTULO V

COSTUMES NATALINOS DE ERAS PASSADAS

Os cristãos em sua maior parte supõem, hoje, que as festividades do Natal datem apenas do nascimento de Jesus na Terra, e que essas comemorações estejam única e exclusivamente em conexão com aquele nascimento.

Tal suposição está errada, naturalmente!

Desde o começo do desenvolvimento da humanidade, anualmente, na época do Natal de hoje, especiais irradiações do amor divino descem para que a sua Luz não se apague nas materialidades tão longínquas!

A cada ano o amor de Deus se inclina, enviando suas forças de irradiação e inflamando de novo a Luz do amor puro em todas as criaturas que têm de se desenvolver e atuar nessas regiões materiais tão distantes!

Essas forças de irradiação do amor divino formam, ao mesmo tempo, pontes de uma espécie à outra, unindo em amor as criaturas entre si!

Através dessas pontes, outrora, os seres humanos estavam ligados aos povos enteais, e por isso a felicidade e a alegria reinavam também nesses mundos de materialidade!

O dia do nascimento de Jesus não se deu arbitrariamente nessa época. Ele, o Portador de irradiações do amor divino, somente poderia nascer numa época em que uma parte dessas irradiações tivesse seu efeito especialmente concentrado na Terra.

"Natal" chama-se a noite em que o Filho de Deus nasceu!... Tem a mesma significação que "Noite Sagrada"!

Os antigos germanos e outros povos nórdicos denominavam a festa que naquela época celebravam de "as doze noites sagradas", pois as festividades duravam geralmente doze dias e doze noites…

Todos os seres humanos, quando ainda ligados à Luz, sabiam, através de seus auxiliadores espirituais e enteais, que nesse período em que hoje é celebrado o nascimento de Cristo estendia-se para eles o amor celeste, e que deveriam preparar-se especialmente para o evento, a fim de participar dessa dádiva do céu de modo solene e condigno.

Enquanto os seres humanos ainda não portavam em si o estigma de Lúcifer, todas essas festividades, em qualquer forma que fossem realizadas, efetuavam-se condignamente. Sempre se manifestava o seu profundo sentido!

A alegria, a afirmação positiva da vida e o saber do divino amor universal, reinando sobre todos os mundos, elevavam-se qual orações de agradecimento para a Luz.

Os seres humanos não conheciam então preces e pedidos. Verdadeiros, simples e fiéis, viviam na maravilhosa Criação...

Enquanto a Luz límpida do amor ainda achava caminho para chegar aos espíritos humanos, todos eram felizes, e abençoadas eram suas atividades. Ricos e abençoados eram também os presentes com que se alegravam mutuamente. Esses presentes de valores inestimáveis se chamavam: "Confiança, sinceridade, verdadeiro amor pelo próximo, amor abnegado...". Contudo, isso já há muito, muito tempo!...

A História da humanidade, conhecida hoje e ensinada nas escolas, descreve na realidade apenas o último capítulo do longo tempo do desenvolvimento humano. O último capítulo anterior ao Juízo!

Os povos, conhecidos pela História nos últimos sete mil anos, sucumbiram todos devido à decadência, à crença errada e às suas hostilidades mútuas.

O que ocorreu antes desse capítulo, antecedendo esses últimos sete mil anos da tragédia humana, não é ainda do conhecimento dos historiadores. Eles têm encontrado apenas vestígios de idolatria, de poder terreno e de riqueza terrena. As festas que existiam em louvor ao amor divino e em honra da pureza divina desapareceram sob os escombros das idolatrias...

As festividades continuaram, sim, a ser celebradas nas mesmas datas, mas já totalmente destituídas de todo o sentido mais profundo...

Quando Jesus veio à Terra, a maioria dos seres humanos já se achava sob a influência de poderosos servidores de Lúcifer. O assassínio bárbaro do Filho de Deus foi a melhor prova disto!...

A doutrina de Jesus, que a muitos poderia ter trazido salvação e libertação, fora tão falsificada, que da missão do Salvador, propriamente, nada mais restou...

Natal, a "Sagrada Noite" festejada anualmente em memória do nascimento de Jesus, tornou-se nos dias atuais uma grosseira comemoração material, despida de amor. As preces recitadas monotonamente são vazias, e os pedidos também nada mais são do que exigências egoístas de uma humanidade aprisionada a uma crença errada! De uma humanidade que já desde muito perdeu o Paraíso!

Mas no tecer da Criação nada se alterou. Assim como nos primórdios do desenvolvimento da humanidade, fluem anualmente, na época que os cristãos denominam Natal, irradiações auxiliadoras do amor de Deus, para os mundos da Criação posterior!

Essas irradiações milagrosas apenas ainda são assimiladas alegremente pelos povos enteais, pois os seres humanos, eles próprios, se excluíram delas... Apesar de todo o amor e cuidados da Luz, ainda assim se apagou a chama de seus espíritos! E não existe força alguma no Universo que possa redespertá-los para a vida!...

Os Povos Ligados à Luz

Voltemos agora para algumas descrições das festividades que outrora eram celebradas em louvor ao "amor celeste".

Houve povos que permaneceram por mais tempo ligados à Luz e à natureza que os demais. Entre esses estavam os sumerianos que viveram na época pré-babilônica e uma parte dos povos incas. Igualmente no Brasil de hoje e no Paraguai viveram habitantes, até a era do cristianismo, com aquelas ligações.

Agora, já há muito se extinguiram.

No Sião de hoje, chamado também Tailândia, vivia um povo igualmente ligado à Luz e aos seres da natureza, que combateu por mais tempo que outros povos as correntezas das trevas. Uma parte dos germanos bem como dos celtas, também, conservaram-se puros em sua fé e em seus costumes até a Era Cristã! O elemento corrompedor somente apareceu com os missionários cristãos em seus países... Também em outras regiões da Terra havia agrupamentos populacionais menores que conservaram um saber puro até a Era Cristã.

Os sumerianos e parte dos incas tinham muitos costumes em comum, apesar de viverem em locais tão distantes entre si. Seus templos eram baixos e construídos de madeira. Entalhes artísticos ornavam as paredes internas e externas. Apenas os pedestais, que se encontravam no grande recinto do templo, eram de pedra, ornamentados com ouro e pedras preciosas. Nesses pedestais ardiam "fogos eternos" em incensórios de cobre, de prata ou de pedra.

Todos os povos daquelas épocas amavam os enteais! Mas o Sol e seu regente desfrutavam de uma situação preferencial. Através do Sol recebiam todos os elementos vitais de que o planeta Terra e eles próprios necessitavam. Viam naquele astro um reflexo do amor de seu Criador, ofertando-lhes luz e calor, e proporcionando beleza às suas existências terrenas!

As festividades anuais do Sol, que os incas e os sumerianos celebravam durante vários dias, iniciavam-se sempre louvando o amor de Deus, ao qual todos deviam as suas existências.

As preleções proferidas pelos respectivos sacerdotes eram curtas, pois, enquanto o raciocínio não predominava nos seres humanos não eram necessárias muitas palavras para a compreensão mútua. As palavras que seguem transmitem o sentido daquelas breves alocuções:

"Toda a luz dos mundos tem sua origem no onipotente amor de Deus, nosso Criador! Longe, muito longe é onde reina o amor celeste! Nunca nós, seres humanos, que somos os menores na espécie, veremos o semblante do amor celeste! Vemos, porém, o Sol com seu irradiante regente. A luz do Sol é um reflexo do amor celeste! Vivemos e respiramos neste reflexo! Permaneçamos dignos para que a Luz do amor jamais nos abandone!"

Assim ou de forma aproximada soavam as preleções, sempre porém com o mesmo elevado sentido. O modo de expressão de ambos os povos era naturalmente diferente, como também o desenrolar das festividades era diverso. Assim, por exemplo, vários sacerdotes sumerianos esclareciam a festa do Sol com outra definição. Diziam que todos os sóis, os terrenamente visíveis ou os celestes invisíveis, seriam pequenas irradiações de um gigantesco e poderosíssimo sol pairando em alturas máximas num oceano de luz áurea. Seria esse grandioso sol, o coração do amor de Deus no Universo... As palavras eram diferentes, o sentido, no entanto, o mesmo...

Os dias da festa do Sol eram de alegria jubilosa! Cantavam-se hinos de gratidão, e novas músicas eram apresentadas em instrumentos diversos. Havia cirandas infantis e jogos dos quais participavam crianças e adultos.

Também os respectivos sumo-sacerdotes dos templos do Sol contavam em imagens vivas um ou outro acontecimento ocorrido nos mundos superiores ou entre os enteais. Enriqueciam assim a sabedoria do povo.

Os sumerianos plantavam rosas e presenteavam-se com elas no decorrer das festividades. Seus templos do Sol ficavam muitas vezes totalmente cobertos por roseiras vicejantes. Eram rosas de espécies grandes, brancas e vermelhas, de perfume exuberante.

Essas duas qualidades de roseira já eram cultivadas em toda a Ásia Central muitos milênios antes da época de Cristo. Eram nativas de lá. Na Europa as roseiras somente chegaram quando trazidas pelos guerreiros cruzados cristãos no retorno do Oriente...

A Dança das Fagulhas do Sol

Durante as festividades dos incas, que se prolongavam por sete dias, eles também saíam para as matas colhendo resinas e sementes aromáticas para os incensórios dos templos. O ponto culminante e o término das festas do Sol desenrolavam-se sempre com as danças apresentadas em louvor ao regente do Sol. Os sumerianos intitulavam sua dança de "dança das fagulhas do Sol"! Um grande grupo de moças com fios de ouro nos cabelos soltos, usando roupas largas e compridas, reunia-se no templo, e com lentos e rítmicos passos de dança iam seguindo em volta do grande pedestal no qual a chama eterna ardia. Em suas mãos, como que elevadas em oração, carregavam pequenas lamparinas acesas. Badaladas de gongo e música suave acompanhavam essa dança solene.

A dança das fagulhas tinha, como tudo o mais, inclusive os jogos, um sentido muito mais profundo. As lamparinas nas mãos das moças tinham dupla significação! Inicialmente demonstravam que a Luz na Terra está nas mãos das mulheres que difundem amor e calor, e que simultaneamente iluminam os caminhos rumo às alturas dos céus. E, a seguir, era manifestado por meio das lamparinas o curso dos planetas que, quais minúsculas fagulhas em torno do colossal astro solar, seguem seu curso.

Às vezes, no final das solenidades do Sol, aparecia Apolo em pessoa. Sua estada era apenas de breves instantes, mas o júbilo que sua presença desencadeava era indescritível. Apenas poucos podiam vê-lo, mas sua chegada e presença fazia-se sentir intuitivamente por todos com a mesma intensidade. Enquanto se achava próximo, o ar parecia vibrar, e um vendaval repentino e quente fazia estremecer as paredes do templo. Trazia também consigo ondas de um aroma que por segundos transportava os seres humanos para mundos superiores...

As virgens do Sol, dos incas, executavam uma dança similar a das moças dos sumerianos. Contudo, não carregavam lamparinas nas mãos e sim galhos verdes e flores... Também os incas cantavam hinos de agradecimento, acompanhados por diversos instrumentos musicais. No decorrer dos dias festivos eram consagradas também as jovens ao Sol, enquanto as moças maiores ficavam conhecendo os homens que lhes eram destinados como companheiros de vida.

A festa do Sol dos sumerianos durava doze dias. Provavelmente escolheram esse número devido à divisão do zodíaco em doze seções, introduzida pelos seus astrônomos há mais de quatro mil anos antes de Cristo. Na História, erradamente, é atribuída aos babilônios a introdução do zodíaco em doze seções. Os sumerianos tinham também relógios solares dos quais necessitavam principalmente para regulagem de seu calendário.

Os sumerianos, enquanto não se haviam extinguido ou misturado com os semitas babilônicos, celebravam, quando ainda possível, a festa do Sol em louvor ao amor divino, cujo reflexo sentiam naquele astro...

As Comemorações dos Romanos

Também os romanos comemoravam anualmente, em 25 de dezembro, a solenidade do Sol. Contudo suas festividades do Sol dirigiam-se apenas ao "deus do Sol". Não tinham mais senso para algum saber superior. A festa do Sol romana já muito antes da Era Cristã havia-se tornado uma espécie de idolatria. Realizavam solenidades de culto que degeneravam em orgias e que não tinham nenhuma relação com o regente enteal do Sol...

"Sol Invictus", o sol invencível, diziam os romanos quando se referiam ao Sol.

O imperador Aureliano, porém, pensava de modo diverso. Ele introduziu em Roma o babilônio "Bel"*, como "deus" do império. Com isso, designava Bel como regente do invencível Sol. Isto ocorreu no dia 25 de dezembro do ano 273 depois de Cristo.

Bel ou Baal significa "senhor". Com essa expressão se denominava o primeiro e mais forte servo de Lúcifer, que no início do último capítulo da História da humanidade se aproximara da Terra para, ainda antes do Juízo, envenenar aquela parte sadia da humanidade que não se havia entregue a crenças errôneas e cultos de idolatria.

Baal detestava os enteais, sobre os quais não exercia nenhum poder. Mas o seu ódio maior destinava-se ao regente do Sol por todos querido. Sabia que nos astros solares vieram a se efetivar irradiações divino-enteais de amor, trazendo em si vida e calor...

---

* Baal.

Essas irradiações atingiam Bel dolorosamente! Pois ele atuava na vontade de Lúcifer, seu amo, o inimigo e adversário do amor de Deus, sendo conseqüentemente também hostil à Luz e ao amor!

Por toda a parte Bel empurrava Apolo, o regente do Sol, colocando-se indevidamente em seu lugar. No Egito chamava-se "Ré" ou "Ra", sugestionando as sacerdotisas e faraós. Na Grécia aparecia aos videntes como "Hélios", "o deus do Sol", exercendo uma nefasta influência. Sob sua influência, as festas do Sol já não eram mais celebradas em louvor ao amor celeste, e sim em honra dele e de sua igual espécie!…

Esse servo luciferiano atuava com seus auxiliares partindo de uma parte mais fina da matéria grosseira, de uma camada que se situa entre a matéria grosseira pesada e a matéria grosseira mediana. Assim, achava-se em ligação direta com a Terra.

Sua influência concentrava-se principalmente sobre as mulheres terrenas, sem que para isso precisasse esforçar-se muito. Elas vinham ao seu encontro, em meio do caminho! Em conseqüência, desencadearam-se a decadência moral, a divulgação de crenças erradas e cultos de idolatria com todas as suas contingências colaterais. As mulheres, e através delas os homens, desligaram-se de tudo o que trazia Verdade em si… Tornaram-se infiéis à Luz, perdendo assim a ligação com as puras irradiações do amor das luminosas planícies espirituais... A mulher terrena de hoje é o resultado de sua decadência espiritual que se iniciou há muitos milênios...

A Festa das Doze Noites Sagradas

Também os povos germanos e os que viviam outrora na atual Escandinávia celebravam anualmente, aproximadamente na época natalina de hoje, "a festa das doze noites sagradas", ou também "a festa da chegada do amor".

Os seres humanos desse tempo de outrora diziam que no transcorrer das doze noites sagradas desciam "fitas do céu", cada ano de novo, unindo entre si todas as criaturas visíveis bem como as invisíveis...

Essa festividade era celebrada de modo todo especial. Durante todo o seu desenrolar, uma contínua e intensa chama tinha de permanecer acesa diuturnamente na lareira, e diariamente, ao anoitecer, acendia-se uma fogueira ao lado da entrada da casa, que deveria arder até o sol nascer. Esse fogo tinha um duplo sentido. Primeiramente deveria iluminar o caminho que conduzia para a casa, e paralelamente seria o sinal visível do amor e calor que unia os moradores dessa casa; com o mesmo amor também seriam recebidos os hóspedes.

No período dessas festividades de doze dias e noites, as portas das moradas permaneciam abertas.

Na sala principal da casa achava-se uma mesa ricamente posta. Os alimentos ali colocados consistiam principalmente em dádivas da natureza das respectivas regiões. Frutas frescas e secas, nozes, mel, ovos, sal e grãos de cereais, bem como dois cântaros, um contendo água e outro vinho de mel ou outros vinhos, eram colocados na mesa convidativamente...

Em outra mesa, ao lado e algo menor, eram expostos tecidos feitos à mão e vestidos novos, tudo disposto de tal forma, que cada um podia apreciá-los minuciosamente. Todas as moradas, pequenas e grandes, eram festivamente enfeitadas com galhos e grinaldas verdes.

Durante o dia havia jogos e cantos em que geralmente participavam cantores peregrinos, que com suas significativas canções enalteciam a importância da festa.

Os sacerdotes cantavam, de manhã e ao anoitecer, hinos de agradecimento ao Criador que ofertara a vida a todos eles. Vivências e sonhos eram relatados mutuamente. As experiências vivenciais, na maioria das vezes, referiam-se a ocorrências com os enteais... Naquelas épocas havia ainda muitas pessoas que podiam ver os pequenos e os grandes enteais... Muitas outras coisas existiam então para serem citadas e que se podiam ver em consonância com aqueles dias solenes, santificados pelos seres humanos... Mas o interessante para nós é saber o que ocorria naquelas doze noites, e a quem eram destinados os presentes das mesas ricamente postas... Todas as noites era renovada a água dos cântaros, mas nos alimentos ninguém tocava...

Quando a fogueira era acesa ao anoitecer, ao lado das portas, os habitantes da morada reuniam-se na sala onde se encontravam as mesas com os presentes ou oferendas e sentavam-se comodamente com as crianças no colo. Esperavam então os visitantes que reinavam nos domínios da natureza, e embora muitos desses regentes fossem tão pequenos como os gnomos das raízes, em nada alterava a recepção. As fitas descendo do céu uniam em amor os seres humanos com os pequenos e grandes regentes da natureza...

E os visitantes vinham: gnomos, fadas silvestres, larens e mirens e ainda tantos outros entravam nas habitações humanas nas doze noites sagradas, para alegria de seus moradores, os quais, com amor, se lembraram deles. Os entes do ar sibilavam e assobiavam em torno das casas, para comunicar aos seres humanos que também haviam chegado. Faunos tocavam flautas pelos quintais, jardins e estábulos. Muitas vezes vinham também os korens colocando maçãs aurivermelhas nas mesas dos presentes, e quando esses chegavam, as criaturas humanas ficavam sabendo que a grande mãe da Terra, Gaia, andava inspecionando as povoações humanas...

Silenciosos, mas escutando atentamente, os habitantes das casas observavam as mesas de presentes e as entradas das casas. Entre eles quase sempre havia uma moça, uma mulher ou então uma criança que nitidamente podia ver os visitantes. Reproduziam então, narrando baixinho, tudo aquilo que acontecia.

Ainda que a maioria dos moradores não pudesse ver os enteais, sentiam intuitivamente de modo intenso as suas presenças. Rodopiantes correntes de ar faziam-se sentir nas casas, odores aromáticos, tinir de inúmeros sininhos e o som das flautas dos faunos eram infalíveis evidências dos visitantes invisíveis...

Os visitantes enteais atravessavam as casas, fitando com riso alegre os produtos da natureza nas mesas ricamente postas. Deixavam correr os grãos de cereais através de suas mãos e, por vezes, os gnomos menores pulavam nas mesas rolando os ovos travessamente para lá e para cá... As mirens olhavam e tateavam os trabalhos de tecedura expostos, meneando suas cabeças com alegria e contentamento. Tratava-se de entes femininos de um metro e meio de altura, vestidos de verde e que em tempos remotos haviam ensinado as mulheres humanas a tecer. Cada ano, novamente, regozijavam-se ao verificar que suas alunas humanas do passado haviam progredido além das expectativas.

Cada um desses invisíveis visitantes trazia uma oferenda, colocando-a nas mesas ricamente arrumadas.

Esses presentes eram constituídos de flores raras, plantas, ervas aromáticas, frutas, bonitas pedras e muitas outras coisas... Poderiam trazer ainda grãos de "metal do sol"*... Porém, desde que souberam que em outras regiões da Terra o metal áureo havia transformado os seres humanos em criaturas brutais e ávidas, precaviam-se de oferecer esses belos, contudo perigosos, grãos como presente... pois todos aqueles presentes, colocados pelos visitantes enteais naquelas mesas postas suntuosamente pelos seres humanos, durante as doze noites sagradas, seriam por eles descobertos no decorrer do ano.

Em suas excursões ou passeios, os seres humanos repentinamente encontravam flores raras, plantas aromáticas e ervas terapêuticas. Deparavam igualmente com depósitos de bonitas pedras e minérios em regiões onde nunca haviam presumido que existissem... Resumindo: eles descobriam, de uma ou de outra maneira, todos os presentes que os enteais lhes haviam proporcionado nas doze noites sagradas.

À meia-noite o circular dos visitantes invisíveis terminava, e os moradores das casas iam dormir, exceto os guardas das fogueiras.

As crianças já havia muito dormiam nos braços dos seus pais. Contudo, seus corpos de matéria fina, isto

---

* Ouro.

é, suas alminhas desprendidas durante o sono de seus corpos de matéria grosseira, saltavam travessamente ao redor dos gnomos, das fadas dos bosques, dos faunos e dos demais, acompanhando-os para poderem ficar mais tempo brincando junto deles...

Rompeu-se a Ligação

Depois, porém, veio a época em que muitos membros desses povos também não mais podiam ser ligados com "as fitas celestes do amor"...

Com a consciência pesada e receosas, muitas pessoas quedavam-se sentadas, em suas casas, durante as doze noites sagradas, esperando com receio a chegada dos visitantes invisíveis... Chegariam?!... As mesas estavam ricamente postas, as casas festivamente enfeitadas... externamente tudo era como sempre fora...

Irrequietos, temerosos e com a consciência pesada, os seres humanos aguardavam pelos visitantes de cada ano... Mas a espera era quase sempre em vão... Os visitantes nunca mais retornaram... Não podiam vir, pois as horríveis figuras e formas agarradas às criaturas humanas, em especial às mulheres, afugentavam-nos todos...

Os enteais, sem exceção, temem as formas de inveja, de ciúmes, de avidez e de todos os demais males correlatos, que têm a aparência de seres humanos. Fugiam, pois, apavorados, já que de início não concebiam de onde se originavam essas horrendas configurações e por que elas se agarravam às mulheres humanas...

Por toda a parte e entre todos os seres humanos interrompia-se pouco a pouco o equilíbrio harmonioso entre o raciocínio e o espírito. O raciocínio ganhara a supremacia, e assim o ser humano se tornara acessível a todas as influências das trevas. À frente de todos: a mulher!...

Assim como no sentido bom ela recebe e sente intuitivamente as irradiações da Luz de modo mais intenso, assim também se entregava, no sentido oposto, mais livremente às correntezas negativas que impelem a humanidade inteira para o descalabro.

Romperam-se as fitas celestes do amor que outrora uniam as criaturas entre si. A ligação com os mundos enteais cessava de existir.

O ser humano tornava-se "civilizado" e, assim sendo, os enteais não mais tinham lugar na sua vida... Tornaram-se então figuras de contos de fadas, somente boas para as crianças. Aliás, hoje em dia bem poucas crianças se interessam por "contos de fadas", já que a maioria está ligada a espíritos que desde milênios portam em si o estigma de Lúcifer...

A Festa de Astarte

Assim como os povos dos tempos passados comemoravam anualmente a festa do amor celeste, do mesmo modo celebravam no início de setembro de cada ano a festa da pureza, a festa de Astarte! Astarte é uma maravilhosa enteal, a virtude personificada de pura fidelidade à Luz!

Quando os fortes servos de Lúcifer granjearam influência na Terra, através das mulheres, Astarte foi transformada numa deusa virgem da fertilidade e da guerra. No Egito também aparece como deusa da guerra. Os festejos em honra de Astarte prosseguiram até a época cristã, porém ninguém mais conhecia sua significação original… Próximo a Jerusalém havia, até o ano 620 a.C., um santuário de Astarte. No idioma aramaico ela era chamada de "Attaratte"…

Os assírios e babilônios denominavam Astarte de "Ischtar", a "deusa da luta e do amor". Por toda a parte a solenidade original de Astarte, "da personificação da pura fidelidade à Luz", degenerara em baixos e pervertidos cultos de idolatria…

A Festa de Natal

A festa de Natal, chamada também "Festa-Jul", é celebrada anualmente por muitas pessoas e ainda existem vários costumes que, apesar de sua desfiguração, convergem ainda para os tempos idos. Esses costumes, todavia, não podem ser descritos nesta pequena dissertação. "Jul" é uma palavra germana ainda usada na Escandinávia e parcialmente também no norte da Alemanha.

O nascimento de Cristo somente foi celebrado pela primeira vez em Roma, num 25 de dezembro, quatrocentos anos após sua morte e depois de muitos obstáculos.

Os organizadores católicos romanos juntaram a festa realizada pelos romanos na mesma data, cognominada "Sol Invictus", ao nascimento de Cristo, transferindo inclusive o simbolismo daquela festa... A "festividade pagã do Sol" extinguiu-se com isso... e as comemorações do Natal cristão assim se iniciaram...

A árvore de Natal com as velas acesas surgiu somente por volta do ano 1600 na Alemanha. Utilizavam-se pequenos buxos em cujas pontas se colocavam velas. As pequenas árvores de buxos, enfeitadas apenas com velas, significavam simbolicamente que em uma Noite Sagrada viera a Luz para a Terra... Mais tarde se utilizaram de árvores maiores, tipo pinheiro, com a mesma finalidade. Contudo, durante longo tempo as velas continuaram como único enfeite das "árvores de Natal".

Nas árvores de Natal excessivamente enfeitadas de hoje, já nada mais indica que numa noite se acendera uma Luz na Terra através do nascimento de Jesus.

No que diz respeito à troca de presentes, pode tratar-se de uma recordação inconsciente das mesas ricamente postas de tempos longínquos, nas quais eram colocados os presentes destinados aos visitantes enteais. E, também, um relembrar às oferendas colocadas reciprocamente pelos visitantes nas mesas para isso destinadas...

Os espíritos humanos permaneceram os mesmos. Muitos daqueles que viviam felizes na Terra, naqueles tempos, hoje estão aqui novamente reencarnados. Nesse ínterim, apenas se desenvolveram em direção errada, de modo que as recordações também só podem ser falhas e deformadas.

Para concluir e rematar todas essas considerações, nada mais aconselhável do que as palavras de "Na Luz da Verdade", Mensagem do Graal, de Abdruschin, vol. 3, dissertação *Natal*:

> *"Quem dentre os **fiéis**, aliás, já pressentiu a grandeza de Deus, que se patenteia no acontecimento ocorrido serenamente naquela Noite Sagrada, através do nascimento do Filho de Deus. Quem pressente a graça que com isso foi outorgada à Terra, como um presente! (...)*

*Se houvesse um mínimo pressentimento da realidade, aconteceria com todos os seres humanos, como com os pastores; sim, não poderia ser diferente, ante tamanha grandeza: cairiam imediatamente de joelhos... **por medo**! Pois no pressentir teria de surgir primeiramente o medo, de modo intenso, e prostrar o ser humano, porque com o pressentimento de Deus evidencia-se também a grande culpa com que o ser humano se sobrecarregou na Terra, só na maneira indiferente com que toma para si as graças de Deus e nada faz para servir realmente a Deus!"*

CAPÍTULO VI

O GRANDE COMETA, A ESTRELA DO JUÍZO

Ainda invisível para os olhos humanos, a "estrela do Juízo" segue seus caminhos predeterminados. Ela percorre com inimaginável velocidade as vastidões do espaço celeste, mas por volta do fim do Juízo surgirá em nosso sistema solar, e será visível a todos os seres humanos.

O grande cometa é uma estrela de espécie toda singular. Dirigida por uma forte vontade superior, ela atua transformando, purificando e soerguendo. Quando surgir, sua enorme força de irradiação magnética desencadeará as derradeiras transformações terrestres, colocando a Terra, estremecida em suas bases, novamente em sua órbita original.

Já antes que esse grande e singular cometa se torne visível, haverá um aumento de catástrofes como o mundo nunca viu. Também as condições climáticas apresentarão oscilações extraordinárias. Calor abrasador e frio gélido revezar-se-ão. O frio será de uma espécie que fará os seres humanos pensarem ter-se iniciado uma nova era glacial...

O falhar da humanidade que se ligou cada vez mais à matéria, tornando-se dessa forma acessível a todo o mal, não passou sem deixar vestígios na Terra. Por culpa dos seres humanos ela foi empurrada a uma órbita quase não mais atingida por influências elevadas. Mesmo seu ritmo alterou-se. Tornou-se mais pesado e mais lento. Onde quer que fosse dado poder aos seres humanos, eles introduziam perturbações na obra da Criação que funcionava com perfeição...

Sim, pela força do grande e singular cometa a Terra voltará ao lugar que lhe pertence. Trata-se de um acontecimento que abalará mundos. O dia tornar-se-á noite, uma longa noite, pois nenhum raio solar atingirá a Terra durante esse acontecimento.

A noite longa, no entanto, passará, e irromperá um novo dia. Um dia novo sob as irradiações abençoadas de um novo sol e o brilho fulgurante do grande cometa, a estrela do Juízo, que será visível durante algum tempo ainda.

Com o aparecimento do grande cometa iniciar-se-á uma nova era da humanidade. A era da Verdade!

Ao começar o novo tempo, a Terra estará vazia, pois a maior parte dos seres humanos terá desaparecido para sempre da superfície terrestre com todos os seus pecados, vícios, falsos profetas e falsas religiões...

O Significado dos Cometas

Existem incontáveis cometas no Universo. De onde vêm e como atuam ainda não foi possível constatar astronomicamente. As muitas teorias contraditórias existentes a esse respeito não trouxeram nenhuma explicação até agora.

Cometas chegam e desaparecem como os meteoros. Apenas poucos são conhecidos, aqueles que periodicamente voltam, podendo ser vistos da Terra como, por exemplo, o cometa de Halley...

Qual então o significado dos incontáveis milhões de cometas no nosso Universo?

Segundo a opinião de muitos astrônomos, os cometas nada mais são do que "vagabundos"! Vagabundos sem rumo e sem finalidade, constituídos de uma aglomeração de pedras, gelo ou outras partículas de matéria...

Os cientistas que pensam assim estão errados. No Universo, com seus bilhões de sistemas solares, não existe um único astro sequer que não tenha sua razão de ser e uma bem determinada tarefa a cumprir. Isso diz respeito também aos cometas!

O Universo se expande! Ininterruptamente surgem novos astros! Milhões de astros nascem, sem parar, do germe primordial. Ao mesmo tempo inicia-se em muitos astros velhos, que passaram de seu ponto de maturação, a desintegração. Lentamente se desintegram, até restar deles apenas um finíssimo pó...

Desenvolvimento e desintegração! Nascimento e morte! Tudo o que foi criado está sujeito a eternas transformações...

Os cometas, conforme a sua espécie, são indispensáveis no meio de todo esse desenvolvimento e desintegração! Eles têm uma força de sucção de maior ou menor intensidade, que capta e junta o mais fino pó, bem como partículas maiores de matéria. Segundo conceitos terrenos poder-se-ia denominar a maior parte dos incontáveis cometas que perambulam supostamente "sem rumo" de... "aspiradores de pó" do espaço celeste!

As nuvens de pó e areia que restam da desintegração de um corpo celeste e se espalham são inimagináveis! Elas turvam e conspurcam o espaço celeste, visto tratar-se de "resíduos". Esses resíduos, de algum modo, terão de ser colhidos e levados embora. Esse trabalho fica por conta dos cometas.

Eles concentram as nuvens de pó, que parecem muitas vezes véus de gás, e puxam-nas atrás de si como uma cauda. Ao alcançarem um determinado volume, as massas concentradas são levadas pelos cometas para determinados lugares de depósito no espaço celeste, onde logo são submetidas a um processo de transformação por outras forças.

Tudo se transforma na Criação! Não se perde um único grão de pó!

Muitas vezes um cometa percorre durante milhões de anos o espaço celeste, até que a cauda, alcançando dimensões inimagináveis, se torna tão pesada e densa, que tem de ser levada até um lugar de depósito situado fora da nossa galáxia.

Ao lado dos "aspiradores de pó celestes" existem, entre outros, também uma espécie de cometas que atuam igualmente sugando e purificando, mas cuja finalidade principal, no entanto, é outra. Esses cometas provocam transformações da natureza em planetas e outros corpos celestes, preparados por entes correspondentes e que necessitam, não obstante, de um impulso grosso-material a fim de entrar também materialmente em ação. Esse impulso é dado, pois, pelos cometas, cuja força de atração põe tudo em movimento, tal como uma alavanca...

Os Anunciadores

Existe ainda uma outra espécie de cometas que aparecem no céu, visíveis a todos os seres humanos, sempre que um ato do amor de Deus se realiza na

Terra. Cometas dessa espécie podiam ser denominados "anunciadores", pois anunciam importantes acontecimentos que se realizam na Terra.

Para o nascimento do Filho de Deus, Jesus, apareceu um desses "anunciadores" no céu!

Há três milhões de anos também pôde ser visto um cometa similar, durante semanas e até meses! Naquele tempo houve um evento que se realizou na irradiação do amor de Deus na Terra: Foi o nascimento do ser humano!

As primeiras almas humanas imaculadamente belas e puras encarnavam-se nos seus pais primitivos na Terra, nos babais*, de alto nível de desenvolvimento...

Poderiam ser citados ainda outros "anunciadores" que apareceram no céu no decorrer do tempo, para anunciar acontecimentos que se efetivaram na irradiação do amor de Deus na Terra... Indicações adicionais, contudo, iriam além da finalidade desta dissertação...

O Medo de Cometas

Agora ainda uma explicação a respeito do "medo de cometas".

---

* Animais de desenvolvimento superior, precursores do ser humano. Vide "Os Primeiros Seres Humanos", da mesma autora.

Do ponto de vista científico, o medo de muitas pessoas com referência aos cometas é totalmente infundado. O medo, contudo, aí está; ele não pode ser negado. Não provém dos cérebros, mas das almas dos seres humanos; por isso não pode ser tirado do mundo, nem explicado com ponderações do raciocínio.

O medo de cometas está ligado estreitamente ao Juízo Final!

A primeira notícia de um vindouro e terrível Juízo foi divulgada durante a construção da Grande Pirâmide do Egito*. Na Terra e no Além. Na Terra a notícia foi retransmitida a todos os povos através de videntes de ambos os sexos. Aliás, de geração em geração.

Aproximadamente mil anos depois da anunciação do Juízo Final, chegou na Terra a notícia de que pelo fim do Juízo um grande cometa surgiria no céu, desencadeando indescritíveis catástrofes. E mais; que através das catástrofes que ele desencadearia, a maior parte da pecaminosa humanidade da Terra desapareceria...

Como todas as notícias extraterrenais, essa também foi recebida e retransmitida por videntes ainda fiéis à Luz. Eles viam com seus olhos da alma a vindoura estrela do Juízo, enquanto seus corações estremeciam medrosamente com seu aspecto poderoso...

---

* Vide "A Grande Pirâmide Revela seu Segredo", da mesma autora.

Entre os videntes de outrora se encontravam dois sábios chineses, dois sumerianos e um germano.

A notícia do cometa do Juízo, com efeitos horríveis sobre os seres humanos, chegou para todos os povos. Não havia um ser humano na Terra que duvidasse dessa extraordinária notícia, pois já desde os tempos primitivos cada acontecimento e cada saber superior era retransmitido por videntes...

O conhecimento do Juízo e do cometa não se perdeu, nem com a morte terrena e nem com a vida terrena que se seguia. Continuava a viver, inapagavelmente, nas almas humanas. É necessário apenas um leve toque para vir à tona, até o cérebro... Muitas vezes já basta a anunciação de qualquer cometa insignificante para desencadear o medo escondido no fundo da alma.

O medo de cometas é, em última análise, o medo do Juízo, de um fim catastrófico, do qual o ser humano não poderá escapar.

ÍNDICE

PREFÁCIO 5
I - PROFECIAS 7
   Sibila de Cumas 7
   As Revelações de João 9
   Nostradamus 12
   La Salette 13
   Lourdes 17
   Os Milagres de Lourdes 22
   A Terceira Mensagem de Fátima 28
   A Vidência das Crianças 38
   Os Locais de Aparições 43
   As Interpretações Errôneas 44

II - A BÍBLIA 46
   O Velho Testamento 49
   A Arca de Noé 50
   Adão e Eva 58
   "Crescei e Multiplicai-vos" 60
   Sodoma e Gomorra 62
   Abraão 67
   O Novo Testamento 69
   Canonizações 72
   São Jorge 73
   O Filho do Homem 76
   O Culto de Maria 79

III - O SER HUMANO E O PECADO ORIGINAL ... 82
   A Grinalda de Penas 85
   A Dança de Mandra 94
   Caim e Abel 103
   O Espírito e seus Corpos Auxiliares 108

IV - O SOL MORRE 118
   Estrela Fixa 121
   O Novo Sol 122
   As Conseqüências Sobre a Terra 124
   Existe Vida em Outros Planetas? 127

V - COSTUMES NATALINOS DE ERAS
     PASSADAS 130
   Os Povos Ligados à Luz 134
   A Dança das Fagulhas do Sol 137
   As Comemorações dos Romanos 139
   A Festa das Doze Noites Sagradas 142
   Rompeu-se a Ligação 147
   A Festa de Astarte 149
   A Festa de Natal 149

VI - O GRANDE COMETA, A ESTRELA
     DO JUÍZO 153
   O Significado dos Cometas 155
   Os Anunciadores 157
   O Medo de Cometas 158

AO LEITOR

A Ordem do Graal na Terra é uma entidade criada com a finalidade de difusão, estudo e prática dos elevados princípios da Mensagem do Graal de Abdruschin "NA LUZ DA VERDADE", e congrega aquelas pessoas que se interessam pelo conteúdo das obras que edita. Não se trata, portanto, de uma simples editora de livros.

Se o leitor desejar uma maior aproximação com aqueles que já pertencem à Ordem do Graal na Terra, em vários pontos do Brasil, poderá dirigir-se aos seguintes endereços:

Por carta:
ORDEM DO GRAAL NA TERRA
Caixa Postal 128
CEP 06803-971 – EMBU – SP – BRASIL
Tel/Fax: (11) 4781-0006

Pessoalmente:
Av. São Luiz, 192 – Loja 14 – (Galeria Louvre)
Consolação
Tel.: (11) 3259-7646
SÃO PAULO – SP

Internet:
www.graal.org.br
graal@graal.org.br

NA LUZ DA VERDADE
Mensagem do Graal de Abdruschin

Obra editada em três volumes, contém esclarecimentos a respeito da existência do ser humano, mostrando qual o caminho que deve percorrer, a fim de encontrar a razão de ser de sua existência e desenvolver todas as suas capacitações.

Seguem-se alguns assuntos contidos nesta obra: O reconhecimento de Deus • O mistério do nascimento • Intuição • A criança • Sexo • Natal • A imaculada concepção e o nascimento do Filho de Deus • Bens terrenos • Espiritismo • O matrimônio • Astrologia • A morte • Aprendizado do ocultismo, alimentação de carne ou alimentação vegetal • Deuses, Olimpo, Valhala • Milagres • O Santo Graal.

OS DEZ MANDAMENTOS E O PAI NOSSO
Explicados por Abdruschin

Amplo e revelador! Este livro apresenta uma análise profunda dos Mandamentos recebidos por Moisés, mostrando sua verdadeira essência e esclarecendo seus valores perenes.

Ainda neste livro compreende-se toda a grandeza de "O Pai Nosso", legado de Jesus à humanidade. Com os esclarecimentos de Abdruschin, esta oração tão conhecida pode de novo ser sentida plenamente pelos seres humanos.

ISBN-85-7279-058-6 • 80 p
–Também edição de bolso

RESPOSTAS A PERGUNTAS
de Abdruschin

Coletânea de perguntas respondidas por Abdruschin no período de 1924-1937, que esclarecem questões enigmáticas da atualidade: Doações por vaidade • Responsabilidade dos juízes • Freqüência às igrejas • Existe uma "providência"? • Que é Verdade? • Morte natural e morte violenta • Milagres de Jesus • Pesquisa do câncer • Ressurreição em carne é possível? • Complexos de inferioridade • Olhos de raios X.

ISBN-85-7279-024-1 • 174 p.

ALICERCES DE VIDA
de Abdruschim

Alicerces de Vida reúne pensamentos extraídos da obra Na Luz da Verdade, de Abdruschin. O significado da existência é tema que permeia a obra. Esta edição traz a seleção de diversos trechos significativos, reflexões filosóficas apresentando fundamentos interessantes sobre as buscas do ser humano.

Edição de bolso • ISBN-85-7279-0-86-1 • 192 p.

Obras de Roselis von Sass, editadas pela ORDEM DO GRAAL NA TERRA

A GRANDE PIRÂMIDE REVELA SEU SEGREDO

Revelações surpreendentes sobre o significado dessa Pirâmide, única no gênero. O sarcófago aberto, o construtor da Pirâmide, os sábios da Caldéia, os 40 anos levados na construção, os papiros perdidos, a Esfinge e muito mais... são encontrados em A Grande Pirâmide Revela seu Segredo.

Uma narrativa cativante que transporta o leitor para uma época longínqua em que predominavam o amor puro, a sabedoria e a alegria.

ISBN-85-7279-044-6 • 368 p.

A VERDADE SOBRE OS INCAS

O povo do Sol, do ouro e de surpreendentes obras de arte e arquitetura. Como puderam construir incríveis estradas e mesmo cidades em regiões tão inacessíveis?

Um maravilhoso reino que se estendia da Colômbia ao Chile.

Roselis von Sass revela os detalhes da invasão espanhola e da construção de Machu-Picchu, os amplos conhecimentos médicos, os mandamentos de vida dos Incas e muito mais.

ISBN-85-7279-053-5 • 288 p.

FIOS DO DESTINO DETERMINAM A VIDA HUMANA

Amor, felicidade, inimizades, sofrimentos!... Que mistério fascinante cerca os relacionamentos humanos! Em narrativas surpreendentes a autora mostra como as escolhas presentes são capazes de determinar o futuro. O leitor descobrirá também como novos caminhos podem corrigir falhas do passado, forjando um futuro melhor.

ISBN-85-7279-045-4 • 224 p.

REVELAÇÕES INÉDITAS DA HISTÓRIA DO BRASIL

Através de um olhar retrospectivo e sensível a autora narra os acontecimentos da época da Independência do Brasil, relatando traços de personalidade e fatos inéditos sobre os principais personagens da nossa História, como a Imperatriz Leopoldina, os irmãos Andradas, Dom Pedro I, Carlota Joaquina, a Marquesa de Santos, Metternich da Áustria e outros...

Descubra ainda a origem dos guaranis e dos tupanos, e os motivos que levaram à escolha de Brasília como capital, ainda antes do Descobrimento do Brasil.

ISBN-85-7279-059-4 • 256 p.

O LIVRO DO JUÍZO FINAL

Uma verdadeira enciclopédia do espírito, onde o leitor encontrará um mundo repleto de novos conhecimentos. Profecias, o enigma das doenças e dos sofrimentos, a morte terrena e a vida no Além, a 3ª Mensagem de Fátima, os chamados "deuses" da Antiguidade, o Filho do Homem e muito mais...

ISBN-85-7279-049-7 • 384 p.

A DESCONHECIDA BABILÔNIA

A Desconhecida Babilônia, de um lado tão encantadora, do outro ameaçada pelo culto de Baal.

Entre nesse cenário e aprecie uma das cidades mais significativas da Antiguidade, conhecida por seus Jardins Suspensos, pela Torre de Babel e por um povo ímpar – os sumerianos – fortes no espírito, grandes na cultura.

ISBN-85-7279-063-2 • 304 p.

ÁFRICA E SEUS MISTÉRIOS

"África para os africanos!" é o que um grupo de pessoas de diversas cores e origens buscava pouco tempo após o Congo Belga deixar de ser colônia. Queriam promover a paz e auxiliar seu próximo.

Um romance emocionante e cheio de ação. Deixe os costumes e tradições africanas invadirem o seu imaginário! Surpreenda-se com a sensibilidade da autora ao retratar a alma africana!

ISBN-85-7279-057-8 • 336 p.

SABÁ, O PAÍS DAS MIL FRAGRÂNCIAS

Feliz Arábia! Feliz Sabá! Sabá de Biltis, a famosa rainha que desperta o interesse de pesquisadores da atualidade. Sabá dos valiosos papiros com os ensinamentos dos antigos "sábios da Caldéia". Da famosa viagem da rainha de Sabá, em visita ao célebre rei judeu, Salomão.

Em uma narrativa atraente e romanceada, a autora traz de volta os perfumes de Sabá, a terra da mirra, do bálsamo e do incenso, o "país do aroma dourado"!

ISBN-85-7279-066-7 • 416 p.

ATLÂNTIDA. Princípio e Fim da Grande Tragédia

Atlântida, a enorme ilha de incrível beleza e natureza rica, desapareceu da face da Terra em um dia e uma noite...

Roselis von Sass descreve os últimos 50 anos da história desse maravilhoso país, citado por Platão, e as advertências ao povo para que mudassem para outras regiões.

ISBN-85-7279-036-5 • 176 p.

OS PRIMEIROS SERES HUMANOS

Conheça relatos inéditos sobre os primeiros seres humanos que habitaram a Terra e descubra sua origem.

Uma abordagem interessante sobre como surgiram e como eram os berços da humanidade e a condução das diferentes raças.

Roselis von Sass esclarece enigmas... o homem de Neanderthal, o porquê das Eras Glaciais e muito mais...

ISBN-85-7279-055-1 • 160 p.

O NASCIMENTO DA TERRA

Qual a origem da Terra e como se formou?

Roselis von Sass descreve com sensibilidade e riqueza de detalhes o trabalho minucioso e incansável dos seres da natureza na preparação do planeta para a chegada dos seres humanos.

ISBN-85-7279-047-0 • 176 p.

TEMPO DE APRENDIZADO

Tempo de Aprendizado traz frases e pequenas narrativas sobre a vida, sobre o cotidiano e sobre o poder do ser humano em determinar seu futuro. Fala sobre a relação do ser humano com o mundo que está ao redor, com seus semelhantes e com a natureza. Não há receitas para o bem-viver, mas algumas narrativas interessantes e pinceladas de reflexão que convidam a entrar em um novo tempo. Tempo de Aprendizado.

Capa dura • ISBN-85-7279-085-3 • 112 p.

Obras da Coleção
O MUNDO DO GRAAL

JESUS – O AMOR DE DEUS

Um novo Jesus, desconhecido da humanidade, é desvendado. Sua infância... sua vida marcada por ensinamentos, vivências, sofrimentos... Os caminhos de João Batista também são focados.

Jesus, o Amor de Deus – um livro fascinante sobre aquele que veio como Portador da Verdade na Terra!

ISBN-85-7279-064-0 • 400 p.

OS APÓSTOLOS DE JESUS

"Os Apóstolos de Jesus" desvenda a atuação daqueles seres humanos que tiveram o privilégio de conviver com Cristo, dando ao leitor uma imagem inédita e real!

ISBN-85-7279-071-3 • 256 p.

HISTÓRIAS DE TEMPOS PASSADOS

Emocionante história que relata a famosa guerra entre gregos e troianos, causada pelo rapto de Helena. As figuras dos heróis do passado ressurgem junto com a atuação de Kassandra, que, advertindo, preconizou o infortúnio para Tróia.

E ainda a cativante história de Nahome, nascida no Egito, e que tinha uma importante missão a cumprir.

ISBN-85-7279-008-X • 240 p.

BUDDHA

Os grandes ensinamentos de Buddha que ficaram perdidos no tempo...

O livro traz à tona questões fundamentais sobre a existência do ser humano, o porquê dos sofrimentos, e também esclarece o Nirvana e a reencarnação.

ISBN-85-7279-072-1 • 352 p.

LAO-TSE

Conheça a trajetória do grande sábio que marcou uma época toda especial na China.

Acompanhe a sua peregrinação pelo país na busca de constante aprendizado, a vida nos antigos mosteiros do Tibete, e sua consagração como superior dos lamas e guia espiritual de toda a China.

ISBN-85-7279-065-9 • 304 p.

ÉFESO

A vida na Terra há milhares de anos. A evolução dos seres humanos que sintonizados com as leis da natureza eram donos de uma rara sensibilidade, hoje chamada "sexto sentido".

ISBN-85-7279-006-3 • 232 p.

ZOROASTER

A vida empolgante do profeta iraniano, Zoroaster, o preparador do caminho Daquele que viria, e posteriormente Zorotushtra, o conservador do caminho. Neste livro são narrados de maneira especial suas viagens e os meios empregados para tornar seu saber acessível ao povo.

ISBN-85-7279-083-7 • 288 p.

ASPECTOS DO ANTIGO EGITO

O Egito ressurge diante dos olhos do leitor trazendo de volta nomes que o mundo não esqueceu – Tutancâmon, Ramsés, Moisés, Akhenaton e Nefertiti.

Reviva a história desses grandes personagens, conhecendo suas conquistas, seus sofrimentos e alegrias, na evolução de seus espíritos.

ISBN-85-7279-076-4 • 288 p.

A VIDA DE MOISÉS

A narrativa envolvente traz de volta o caminho percorrido por Moisés desde seu nascimento até o cumprimento de sua missão: libertar o povo israelita da escravidão egípcia e transmitir os Mandamentos de Deus.

Com um novo olhar acompanhe os passos de Moisés em sua busca pela Verdade e liberdade. – *Extraído do livro "Aspectos do Antigo Egito"*

Edição de bolso • ISBN-85-7279-074-8 • 160 p.

MARIA MADALENA

Maria Madalena é personagem que provoca curiosidade, admiração e polêmica!

Símbolo de liderança feminina, essa mulher de rara beleza foi especialmente tocada pelas palavras de João Batista e partiu, então, em busca de uma vida mais profunda.

Maria Madalena foi testemunha da ressurreição de Cristo, sendo a escolhida para dar a notícia aos apóstolos. – *Extraído do livro "Os Apóstolos de Jesus"*.

Edição de bolso • ISBN 85-7279-084-5 • 160 p.

REFLEXÕES SOBRE TEMAS BÍBLICOS
de Fernando José Marques

Neste livro, trechos como a missão de Jesus, a virgindade de Maria de Nazaré, Apocalipse, a missão dos Reis Magos, pecados e resgate de culpas são interpretados sob nova dimensão.

Obra singular para os que buscam as conexões perdidas no tempo!

Edição de bolso • ISBN-85-7279-078-0 • 176 p.

QUEM PROTEGE AS CRIANÇAS?
Texto: Antonio Ricardo Cardoso
Ilustrações: Maria de Fátima Seehagen e Edson J. Gonçalez

Qual o encanto e o mistério que envolve o mundo infantil? Entre versos e ilustrações, o mundo invisível dos guardiões das crianças é revelado, resgatando o conhecimento das antigas tradições que ficaram perdidas no tempo.

Capa dura • ISBN-85-7279-081-0 • 24 p.

JESUS ENSINA AS LEIS DA CRIAÇÃO
de Roberto C. P. Junior

Em "JESUS ENSINA AS LEIS DA CRIAÇÃO", Roberto C. P. Junior discorre sobre a abrangência das parábolas e das leis da Criação de forma independente e lógica. Com isso, leva o leitor a uma análise desvinculada de dogmas. O livro destaca passagens históricas, sendo ainda enriquecido por citações de teólogos, cientistas e filósofos.

ISBN-85-7279-087-X • 240 p.

Correspondência e pedidos:

ORDEM DO GRAAL NA TERRA
Caixa Postal 128
CEP 06803-971 – EMBU – SP – BRASIL
Tel./Fax: (11) 4781-0006

www.graal.org.br – e-mail: graal@graal.org.br

Filmes, impressão e acabamento
ORDEM DO GRAAL NA TERRA
Embu – São Paulo – Brasil